AI와 쇼트폼

인공지능총서

인공지능 시대입니다. 기계가 인간의 인지를 대신하고, 사물이 인간을 통하지 않고 다른 사물과 직접 커뮤니케이션합니다. 이에 따른 인간 삶과 문명 변화를 정확히 이해 · 예측 · 대응하는 것은 이 시대 우리 모두의 과제입니다. 인공지능총서는 인공지능 기술과 환경의 여러 주제를 10가지 키워드로 정리합니다. 관련 개념과 이론, 학계와 산업계의 쟁점, 우리 일상의 변화를 다룹니다. 인간과 기술의 현재, 미래를 세심히 분석합니다.

일러두기

- 인명, 작품명, 저서명, 개념어 등은 한글과 함께 괄호 안에 해당 국가의 원어를 병기했습니다.
- 외래어 표기는 현행 어문규정의 외래어표기법을 따랐습니다. 다만 '팔로워' 등은 관행을 따랐습니다.

처음이세요?

전문가세요?

AI와 쇼트폼

이호은·이형주

대한민국, 서울, 커뮤니케이션북스, 2025

AI와 쇼트폼

지은이 이호은·이형주
펴낸이 박영률

초판 1쇄 펴낸날 2025년 10월 14일

커뮤니케이션북스(주)
출판 등록 2007년 8월 17일 제313-2007-000166호
02880 서울시 성북구 성북로 5-11
전화(02) 7474 001, 팩스(02) 736 5047
commbooks@commbooks.com
www.commbooks.com

ISBN 979-11-430-0807-7 03500

책값은 뒤표지에 표시되어 있습니다.

차례

AI와 쇼트폼

미디어 산업의 패러다임 전환

21세기 들어 미디어 산업은 급격한 변화를 겪고 있다. 디지털 기술의 발전은 콘텐츠 제작과 유통의 문턱을 낮춰 왔고, 모바일 기기의 보편화는 콘텐츠 소비 패턴을 근본적으로 바꿔 놓았다. 특히 2020년대에 들어서면서 두 가지 핵심적인 변화가 동시에 일어나고 있다. 하나는 생성형 AI 기술의 폭발적 발전이고, 다른 하나는 쇼트폼 콘텐츠의 급속한 확산이다.

이 두 변화는 서로 독립적으로 일어난 것처럼 보이지만, 실제로는 깊은 연관성을 가지고 있다. AI 기술은 복잡했던 콘텐츠 제작 과정을 단순화하고 자동화해 더 많은 사람들이 창작에 참여할 수 있게 만들었고, 쇼트폼 플랫폼은 이렇게 생산된 다양한 콘텐츠들이 효과적으로 유통되고 소비될 수 있는 생태계를 제공했다.

전통적인 미디어 산업에서는 높은 진입 장벽과 복잡한 제작 과정으로 인해 소수의 전문가들만이 고품질 콘텐츠를 만들 수 있었다. 하지만 AI와 쇼트폼의 결합은 이러한 구조를 완전히 뒤바꿔 놓고 있다. 이제는 개인 창작자도 전문적인 수준의 콘텐츠를 제작해 전 세계 수억 명의 잠재 시청자에게 즉시 도달하게 할 수 있는 시대가 되었다.

쇼트폼 콘텐츠의 급성장과 그 의미

쇼트폼 콘텐츠의 성장세는 놀라울 정도다. 틱톡(TikTok)은 출시 5년 만에 전 세계 월간 활성 사용자 10억 명을 돌파했고, 인스타그램 릴스는 하루 시청 시간이 300억 분을 넘어섰다. 유튜브 쇼츠는 월간 시청자 수가 20억 명에 달한다. 이러한 수치들은 단순한 플랫폼의 성공을 넘어, 콘텐츠 소비 패턴의 근본적 변화를 보여 준다.

특히 주목할 점은 쇼트폼 콘텐츠가 단순히 기존 긴 콘텐츠의 축약판이 아니라는 것이다. 15초에서 3분 사이의 짧은 시간 안에 완결된 메시지와 감정적 여정을 담아내는 쇼트폼은 고유한 문법과 미학을 가진 새로운 미디어 형식이다. 빠른 편집, 강렬한 시각적 임팩트, 즉각적인 감정적 반응을 유도하는 구조 등은 전통적인 영상 제작 원칙과는 다른 접근을 요구한다.

또한 쇼트폼 플랫폼들의 알고리즘 기반 추천 시스템

은 콘텐츠 발견과 소비 방식을 혁신했다. 과거에는 브랜드 인지도나 기존 팬층에 의존했던 콘텐츠 유통이 이제는 콘텐츠 자체의 품질과 시청자 반응에 더 크게 좌우되게 되었다. 이는 신진 창작자들에게 기회를 제공하는 동시에, 기존 미디어 기업들에게는 새로운 도전을 안겨 주고 있다.

AI 기술이 가져온 창작 생태계의 변화

생성형 AI의 등장은 창작 과정 자체를 재정의하고 있다. 과거에는 전문적인 기술과 장비, 그리고 상당한 시간과 비용이 필요했던 작업들이 이제는 적절한 프롬프트와 몇 번의 클릭만으로도 가능해졌다. 이미지 생성, 영상 편집, 음성 합성, 배경 음악 제작 등 콘텐츠 제작의 거의 모든 영역에서 AI 도구들이 활용되고 있다.

이러한 변화는 단순히 제작 효율성을 높이는 것을 넘어, 창작의 민주화를 가져오고 있다. 예술적 재능은 있지만 기술적 지식이 부족했던 사람들, 아이디어는 풍부하지만 자원이 제한적이었던 창작자들이 이제는 자신의 비전을 구현할 수 있게 되었다. 동시에 기존의 전문가들은 더욱 창의적이고 전략적인 영역에 집중할 수 있는 여건이 마련되었다.

특히 쇼트폼 콘텐츠 제작에서 AI의 역할은 더욱 중요하다. 짧은 시간 안에 강렬한 인상을 남겨야 하는 쇼트폼의 특성상, 시각적 임팩트와 편집의 완성도가 성공을 좌우하는 경우가 많다. AI 도구들은 이러한 기술적 요소들을 빠르고 효과적으로 처리해 주어, 창작자들이 스토리텔링과 메시지 전달에 더 집중할 수 있게 해 준다.

산업 전반에 미치는 영향

AI와 쇼트폼의 결합이 가져오는 변화는 개별 창작자들에게만 국한되지 않는다. 전통적인 미디어 기업들도 이러한 트렌드에 적응하기 위해 조직과 전략을 재편하고 있다. 방송사들은 쇼트폼 콘텐츠 제작 팀을 신설하고 있고, 영화사들은 AI 기술을 활용한 프리프로덕션과 포스트프로덕션 워크플로를 도입하고 있다.

광고와 마케팅 분야에서도 혁신이 일어나고 있다. 브랜드들은 더 이상 거대한 예산을 투입한 TV 광고에만 의존하지 않는다. 대신 AI를 활용해 다양한 버전의 쇼트폼 광고를 제작하고, 실시간 데이터 분석을 통해 가장 효과적인 콘텐츠를 찾아내는 애자일한 접근법을 취하고 있다.

교육 분야에서도 변화가 감지된다. 복잡한 개념을 짧

고 명확하게 설명하는 교육용 쇼트폼 콘텐츠가 인기를 얻고 있고, AI를 활용한 개인화된 학습 콘텐츠 제작이 시도되고 있다. 이는 전통적인 교육 방식에 새로운 가능성을 제시하고 있다.

창작자 역할의 재정의

이러한 기술적 변화는 창작자의 역할 자체를 재정의하고 있다. 과거의 창작자가 직접 모든 것을 '만드는' 사람이었다면, 이제의 창작자는 AI 도구들을 조율하고 활용해 자신의 창작 의도를 구현하는 '기획자이자 감독'에 가까워지고 있다. 이는 창작자에게 새로운 역량을 요구한다.

무엇보다 중요한 것은 AI 리터러시다. 다양한 AI 도구들의 특성과 한계를 이해하고, 각각을 언제, 어떻게 활용할지 판단하는 능력이 필수가 되었다. 또한 AI가 생성한 결과물을 비판적으로 평가하고 개선하는 능력, 그리고 여러 AI 도구들의 결과물을 하나의 일관된 작품으로 통합하는 능력도 중요하다.

하지만 기술적 역량만으로는 충분하지 않다. AI가 아무리 발전해도 대체할 수 없는 인간 고유의 영역이 있다. 공감 능력, 스토리텔링 역량, 문화적 감수성, 시대적 통찰력 등은 여전히 창작자의 핵심 자산이다. 특히 쇼트폼 콘텐츠에서는 짧은 시간 안에 시청자와 감정적 연결 고리를 만들어 내는 능력이 성공을 좌우한다.

새로운 비즈니스 모델의 등장

AI와 쇼트폼의 결합은 새로운 수익 모델과 비즈니스 기회를 만들어 내고 있다. 개인 창작자들은 더 적은 비용으로 더 많은 콘텐츠를 제작할 수 있게 되어 수익성을 높일 수 있고, 기업들은 AI를 활용한 맞춤형 마케팅 콘텐츠로 고객 참여도를 높일 수 있다.

또한 AI 도구 자체가 새로운 산업을 형성하고 있다. 창작자들을 위한 AI 서비스, 쇼트폼 특화 AI 플랫폼, 콘텐츠 최적화 설루션 등 다양한 B2B 비즈니스가 등장하고 있다. 이는 기술 기업과 창작 산업 간의 새로운 협력 관계를 만들어 내고 있다.

도전과 기회의 양면성

하지만 이러한 변화가 장밋빛 미래만을 약속하는 것은 아니다. AI 기술의 발전은 저작권, 윤리, 그리고 창작의 진정성에 대한 새로운 질문들을 던지고 있다. 또한 기술 격차로 인한 창작자들 간의 불평등, 플랫폼 종속성의 심화, 콘텐츠의 동질화 위험 등도 고려해야 할 문제들이다.

쇼트폼 콘텐츠의 급속한 확산은 정보의 파편화와 집중력 저하에 대한 우려도 낳고 있다. 짧은 형식에 최적화된 콘텐츠가 깊이 있는 사고나 복잡한 주제에 대한 이해를 방해할 수 있다는 지적도 있다.

이러한 도전들은 창작자들과 플랫폼, 그리고 사회 전체가 함께 해결해야 할 과제다. 기술의 혜택을 누리면서도 그 부작용을 최소화하는 균형점을 찾아가는 것이 중요하다.

이 책이 제시하는 방향

《AI와 쇼트폼》은 이러한 변화의 한복판에서 창작자들이 나아가야 할 방향을 제시하고자 한다. 단순히 AI 도구들의 사용법을 나열하는 것이 아니라, AI 기술을 창작 과정에 의미 있게 통합해 더 나은 쇼트폼 콘텐츠를 만들어 내는 통합적 접근법을 제안한다.

이 책은 실무진의 실제 경험과 사례 연구를 바탕으로, AI 도구들의 실용적 활용법과 쇼트폼 콘텐츠의 제작 원칙을 체계적으로 정리한다. 또한 기술과 창의성의 균형, 효율성과 진정성의 조화라는 현시대 창작자들이 직면한 핵심 과제에 대한 해답을 모색한다.

각 장에서 다루는 내용들은 이론적 설명에 그치지 않고, 구체적인 도구 추천, 실전 팁, 그리고 피해야 할 함정들까지 포함해 독자들이 즉시 현장에서 활용할 수 있도록 구성되었다.

미래를 준비하는 창작자들을 위해

AI와 쇼트폼의 결합은 이제 막 시작된 변화다. 앞으로 몇 년 안에 더욱 강력하고 정교한 AI 도구들이 등장할 것이고, 쇼트폼 콘텐츠의 형식과 플랫폼도 계속해서 진화할 것이다. 가상현실과 증강현실 기술의 발전, 5G와 6G 네트워크의 확산, 메타버스 플랫폼의 성장은 쇼트폼 콘텐츠에 새로운 차원을 더할 것이다.

이러한 급변하는 환경에서 중요한 것은 변화에 수동적으로 적응하는 것이 아니라, 변화를 주도적으로 이끌어 가는 것이다. 기술의 가능성을 이해하고 활용하되, 그것에 매몰되지 않고 자신만의 창작적 목소리를 유지하는 것. 효율성을 추구하되 진정성을 잃지 않는 것. 이것이 AI와 쇼트폼의 시대를 살아가는 창작자들이 가져야 할 기본자세다.

이 책을 통해 독자들이 AI 기술의 잠재력을 충분히 이해하고, 쇼트폼 콘텐츠의 가능성을 최대한 활용하며, 무엇보다 자신만의 독창적인 창작 세계를 구축해 나갈 수 있기를 바란다. 기술은 도구일 뿐이다. 그 도구를 어떻게 사용하느냐에 따라 평범한 콘텐츠가 될 수도, 시대를 대표하는 작품이 될 수도 있다.

지금 이 순간도 어디선가 새로운 AI 도구가 개발되고 있고, 새로운 쇼트폼 트렌드가 탄생하고 있다. 이 책이 그 변화의 파도를 타고 자신만의 창작 세계를 구축해 나가려는 모든 창작자들에게 유용한 나침반 역할을 할 수 있기를 진심으로 기대한다.

01
짧아야 통한다, AI와 쇼트폼의 시대

15초에서 3분, 때로는 단 몇 초 만에 전 세계 수억 명의 시선을 사로잡는 시대가 왔다. 쇼트폼은 단순히 짧은 영상을 의미하지 않는다. 그것은 집중력이 분산된 현대인들의 마음을 순간적으로 사로잡고, 강렬한 감정을 불러일으키며, 때로는 인생을 바꾸는 영감을 전달하는 새로운 언어다. 여기에 AI가 더해지면서, 개인 창작자도 거대 제작사 수준의 퀄리티와 창의성을 구현할 수 있는 민주화의 시대가 열렸다. 이제 아이디어만 있다면 누구나 세상을 바꿀 수 있는 콘텐츠를 만들 수 있다.

AI와 1인 창업?

주의력 경제 시대의 새로운 승부

우리는 하루에 평균 3만 5천 번의 결정을 내린다고 한다. 그중 상당수는 "이 콘텐츠를 계속 볼 것인가, 말 것인가"에 관한 것이다. 현대인의 평균 집중 시간은 8초로, 금붕어보다도 짧다는 연구 결과가 있을 정도다. 이런 환경에서 창작자들이 직면한 과제는 명확하다. 첫 3초 안에 시청자의 마음을 사로잡지 못하면, 그들은 영원히 떠나 버린다.

하지만 이것을 단순히 현대인의 집중력 부족으로만 해석한다면 큰 실수다. 오히려 이는 정보 과부하 시대에 대한 자연스러운 적응이며, 더 효율적이고 강렬한 소통 방식에 대한 갈망의 표현이다. 쇼트폼이 폭발적으로 성장한 이유도 여기에 있다. 사람들은 짧은 시간 안에 더 많은 가치를 얻고 싶어 한다.

틱톡이 전 세계 30억 명의 사용자를 확보했고, 인스타그램 릴스를 월 20억 명 이상이 이용하며, 유튜브 쇼츠를 월 20억 명이 시청하는 현상은 단순한 트렌드가 아니다. 이는 인간의 소통 방식 자체가 근본적으로 변화하고 있음을 의미한다. 우리는 더 이상 긴 설명을 듣고 싶어 하지 않는다. 대신 직관적이고, 감정적이며, 즉시 이해할 수 있는 메시지를 원한다.

창작의 민주화와 AI의 역할

과거 영상 제작은 고가의 장비, 전문적인 기술, 대규모 팀이 필요한 영역이었다. 하지만 AI의 등장으로 이 모든 것이 바뀌었다. 이제 개인이 스마트폰 하나와 AI 도구만으로도 할리우드 수준의 영상 효과를 구현할 수 있다. 이것은 단순한 기술적 진보가 아니라, 창작의 완전한 민주화를 의미한다.

AI 기술이 쇼트폼 제작에 미치는 영향을 살펴보면, 세 가지 혁명적 변화를 확인할 수 있다.

첫째, 진입 장벽의 해체다. 과거에는 영상 편집을 배우는 데만 수개월이 걸렸지만, 이제 AI 편집 도구는 사용자의 의도를 파악해 자동으로 최적화된 편집을 제공한다. 색 보정, 음향 조절, 트랜지션 효과까지 모든 것이 AI의 도움으로 전문가 수준으로 완성된다.

둘째, 창작 속도의 혁신이다. 전통적인 영상 제작에서는 기획부터 완성까지 수주에서 수개월이 걸렸다. 하지만 AI를 활용하면 아이디어 구상부터 최종 영상 완성까지 단 몇 시간 만에 가능하다. 이는 창작자들이 더 많은 실험을 할 수 있게 하고, 빠르게 변화하는 트렌드에 즉각 대응할 수 있게 만든다.

셋째, 창의성의 확장이다. AI는 인간이 생각하지 못했던 새로운 시각적 표현이나 편집 방식을 제안한다. 이는 창작자의 상상력을 제한하는 것이 아니라, 오히려 인간의 창의성을 증폭하는 역할을 한다.

짧은 것의 강력한 힘

쇼트폼의 진정한 힘은 단순히 시간이 짧다는 것이 아니라, 제약을 통해 창의성이 극대화된다는 점에 있다. 하이쿠가 17음절이라는 제약 안에서 무한한 감동을 만들어 내듯, 쇼트폼은 시간의 제약 안에서 놀라운 창작적 가능성을 열어 준다.

제약이 창의성을 만든다는 것은 창작 이론의 기본 원칙 중 하나다. 무한한 자유보다는 명확한 경계 안에서 더 혁신적인 아이디어가 탄생한다. 쇼트폼 제작자들은 15초라는 짧은 시간 안에 기승전결을 완성해야 하기 때문에, 모든 순간이 의미를 가져야 한다. 이는 창작자들로 하여금 더 정교하고 밀도 높은 스토리텔링을 개발하게 만든다.

또한 쇼트폼은 반복 시청의 마법을 활용한다. 15초짜리 영상을 10번 보는 것과 150초짜리 영상을 한 번 보는 것은 완전히 다른 경험이다. 반복 시청을 통해 시청자들은 놓쳤던 디테일을 발견하고, 새로운 해석을 만들어 내며, 더 깊은 감정적 연결을 형성한다. 이것이 바이럴의 핵심 메커니즘이다.

감정의 즉시성과 공감의 확산

쇼트폼이 가진 또 다른 강력한 특징은 감정의 즉시성이다. 긴 영상에서는 서서히 감정을 쌓아 가지만, 쇼트폼에서는 첫 순간부터 강렬한 감정적 임팩트를 전달해야 한다. 이는 창작자들로 하여금 감정의 핵심을 정확히 파악하고, 그것을 가장 효과적인 방식으로 표현하는 능력을 기르게 만든다.

AI는 이런 감정적 임팩트를 분석하고 최적화하는 데 탁월한 능력을 보여 준다. 얼굴 표정 분석, 음성 톤 분석, 색채 심리학 등을 종합해 시청자가 어떤 감정을 느낄지 예측하고, 그에 맞는 편집과 효과를 제안한다.

특히 주목할 점은 쇼트폼의 공감 확산 속도다. 하나의 영상이 공감을 얻으면 전 세계로 퍼져 나가는 속도가 기존 미디어와는 비교할 수 없을 정도로 빠르다. 이는 단순히 기술적 전파 속도의 문제가 아니라, 짧고 강렬한 메시지가 가진 전염성 때문이다.

스토리텔링의 새로운 문법

쇼트폼은 기존의 스토리텔링 문법을 완전히 재정의했다. 전통적인 3막 구조나 영웅의 여정 같은 서사 구조는 쇼트폼에서는 적용하기 어렵다. 대신 순간적 몰입, 반전의 예술, 감정의 폭발 같은 새로운 서사 기법이 등장했다.

쇼트폼 스토리텔링의 핵심은 압축이다. 하지만 이는 단순히 내용을 줄이는 것이 아니라, 가장 본질적인 메시지만을 남기고 나머지는 과감히 생략하는 것이다. 이 과정에서 창작자의 선택과 집중 능력이 극도로 중요해진다.

AI는 이런 압축 과정을 도와주는 강력한 파트너다. 긴 영상에서 가장 임팩트 있는 순간들을 자동으로 추출하고, 감정적 기복을 분석해 최적의 편집점을 제안한다. 또한 시청자의 시선 패턴을 분석해 어느 부분에서 집중도가 떨어지는지 파악하고, 그에 맞는 편집 방향을 제시한다.

플랫폼별 특성의 이해

각 플랫폼은 고유한 문화와 알고리즘을 가지고 있으며, 성공적인 쇼트폼 창작자는 이를 정확히 이해하고 활용해야 한다. 틱톡은 트렌드와 도전(Challenge) 문화가 강하고, 인스타그램 릴스는 미적 완성도를 중시하며, 유튜브 쇼츠는 정보 전달력을 평가한다.

AI 분석 도구들은 각 플랫폼의 성공 패턴을 학습해 플랫폼별 최적화 전략을 제안한다. 같은 콘텐츠라도 플랫폼에 따라 다른 편집 방식, 다른 섬네일, 다른 제목을 사용해야 하며, AI는 이런 세밀한 차이점들을 파악해 창작자에게 가이드를 제공한다.

창작자 이코노미의 새로운 가능성

쇼트폼과 AI의 결합은 창작자 이코노미에 혁명적 변화를 가져왔다. 과거에는 대기업이나 대형 제작사만이 독점했던 고품질 콘텐츠 제작이 이제 개인의 영역이 되었다. 이는 경제적 기회의 민주화를 의미한다.

특히 주목할 점은 롱테일의 법칙이 쇼트폼 시장에서 더욱 극명하게 나타난다는 것이다. 틈새 관심사나 전문 분야에서도 충분한 수익을 창출할 수 있는 환경이 조성되었다. AI는 이런 틈새시장을 찾아내고, 해당 타깃 오디언스에게 정확히 도달하는 전략을 수립하는 데 큰 도움을 준다.

기술과 인간성의 조화

AI와 쇼트폼의 시대에도 변하지 않는 것이 있다. 바로 진정성이다. 기술이 아무리 발전해도 인간의 진실한 감정과 경험을 대체할 수는 없다. 오히려 AI는 창작자의 진정성을 더 효과적으로 표현할 수 있게 도와주는 도구의 역할을 한다.

성공하는 쇼트폼 창작자들을 보면, 그들의 영상은 기술적 완성도와 인간적 따뜻함이 절묘하게 조화를 이루고 있다. AI가 제공하는 효율성과 품질 향상은 창작자가 더 많은 시간을 스토리와 감정에 집중할 수 있게 만든다.

미래를 향한 전망

쇼트폼과 AI의 결합은 아직 시작 단계에 불과하다. 향후 몇 년 내에 우리는 더욱 놀라운 변화들을 목격하게 될 것이다. 실시간 AI 편집, 개인화된 콘텐츠 생성, 감정 인식 기반 추천 시스템 등이 현실화되면, 창작자와 시청자 사이의 경계가 더욱 모호해질 것이다.

하지만 이 모든 변화의 중심에는 여전히 인간의 이야기가 있을 것이다. 기술은 도구일 뿐이고, 진정한 힘은 그 도구를 어떻게 사용해 인간의 마음을 움직이느냐에 달려 있다.

쇼트폼과 AI의 시대는 모든 사람이 창작자가 될 수 있는 시대다. 중요한 것은 기술을 배우는 것이 아니라, 자신만의 독특한 시각과 목소리를 찾는 것이다.

02
쇼트폼 콘텐츠를 위한 AI 도구 생태계

쇼트폼 콘텐츠 제작은 더 이상 복잡한 기술과 고가의 장비를 요구하지 않는다. AI 도구들의 등장으로 개인 창작자도 스튜디오급 품질의 콘텐츠를 단 몇 분 만에 제작할 수 있는 시대가 열렸다. 2025년 현재, AI 도구 생태계는 아이디어 발굴부터 최종 배포까지 쇼트폼 제작의 모든 단계를 지원하며, 창작자들에게 전례 없는 창의적 자유를 제공하고 있다. 쇼트폼 제작을 위한 AI 도구들의 현재 모습과 그것이 창작 환경에 미치는 혁신적 변화를 살펴본다.

AI와 MBTI?

생성형 AI의 창작 패러다임 전환

쇼트폼 콘텐츠 제작에서 가장 큰 변화는 '생성형 AI'의 등장이다. 과거에는 영상 편집 소프트웨어를 다루는 기술적 역량이 필수였지만, 현재는 텍스트 프롬프트만으로도 전문가 수준의 영상을 생성할 수 있다.

구글(Google)의 비오 3(Veo 3), 오픈AI(OpenAI)의 소라(Sora), 런웨이 ML(Runway ML) 같은 플랫폼들은 단순한 텍스트 설명만으로도 놀라운 품질의 영상을 생성한다. 특히 비오 3는 대화, 사운드 디자인, 음악까지 포함한 동기화된 오디오를 함께 생성할 수 있어 쇼트폼 제작에 최적화되어 있다. 소라는 2024년 12월부터 챗GPT(ChatGPT) 플러스와 프로 사용자들에게 공개되어 실제 사용이 가능하다. 이는 단순히 도구의 발전을 넘어, 창작자가 '기술자'에서 '아이디어 제공자'로 역할이 변화하고 있음을 보여 준다.

클링 AI(Kling AI)나 루마(Luma) 같은 도구들은 단일 이미지에서 시작해 유창한 인간의 움직임과 표현을 담은 영상을 생성할 수 있는 3D 얼굴 및 신체 재구성 기술을 제공한다. 이는 특히 캐릭터 기반의 쇼트폼 콘텐츠나 교육 콘텐츠 제작에 혁신을 가져오고 있다.

하지만 생성형 AI의 진정한 가치는 '완벽한 결과물'이 아니라 '무한한 실험 가능성'에 있다. 창작자들은 이제 하나의 아이디어를 수십 가지 다른 스타일과 접근법으로 즉시 시각화해 볼 수 있으며, 이를 통해 더욱 창의적이고 독창적인 콘텐츠를 발견할 수 있다.

롱폼에서 쇼트폼으로의 자동 변환 혁명

쇼트폼 AI 도구 생태계에서 가장 실용적인 혁신 중 하나는 롱폼 콘텐츠를 자동으로 쇼트폼으로 변환하는 기술이다. 오퍼스클립(OpusClip), 비자드ai(Vizard.ai) 같은 플랫폼들은 긴 영상에서 핵심 순간을 자동으로 식별하고, 이를 바이럴 가능성이 높은 짧은 클립으로 변환한다.

비자드ai는 단 한 번의 클릭으로 하나의 긴 영상에서 30개 이상의 소셜 미디어용 클립을 생성할 수 있으며, 자동 자막 생성, 이모티콘 추가, 다양한 플랫폼 최적화까지 포함한다. 이는 단순히 편집 시간을 절약하는 것을 넘어, 콘텐츠 전략 자체를 바꾸고 있다.

예를 들어, 팟캐스트나 웨비나(Webinar) 한 개에서 일주일치 소셜 미디어 콘텐츠를 자동으로 생성할 수 있게 되면서, 창작자들은 더 이상 플랫폼별로 별도의 콘텐츠를 기획할 필요가 없어졌다. 대신 하나의 양질의 롱폼 콘텐츠에 집중하고, AI가 이를 다양한 쇼트폼으로 변환하는 전략이 주류가 되고 있다.

쇼트 AI(Short AI) 같은 도구는 32개 언어로 오디오를 생성하고, 페이스리스 채널을 위한 자동화된 콘텐츠 생성까지 지원해, 글로벌 시장을 겨냥한 쇼트폼 제작을 가능하게 한다.

음성과 음악의 AI 혁신

쇼트폼 콘텐츠에서 음향은 시각적 요소만큼 중요하다. 일레븐랩스(ElevenLabs) 같은 AI 음성 생성 도구는 인간의 음성과 구별하기 어려울 정도로 자연스러운 음성을 생성할 수 있으며, 심지어 사용자의 목소리를 복제해 완벽한 일관성을 유지할 수 있다.

MM오디오(MMAudio)는 무성 영상을 분석해 장면에 맞는 적절한 환경음, 효과음, 심지어 대화까지 자동으로 생성할 수 있는 기술을 제공한다. 이는 특히 설명이 필요한 교육 콘텐츠나 제품 소개 영상에서 강력한 도구가 된다.

음악 분야에서는 톱미디ai AI 뮤직 제너레이터(TopMediai AI Music Generator)나 뉴럴 프레임(Neural Frames) 같은 도구들이 콘텐츠의 분위기와 리듬에 맞는 로열티 프리 음악을 즉시 생성할 수 있다. 더 나아가 뉴럴 프레임의 오토파일럿 기능은 곡을 업로드하면 자동으로 음악과 동기화된 시각적 콘텐츠를 생성한다.

이러한 발전은 음악 저작권 문제로 고민하던 창작자들에게 완전히 새로운 가능성을 열어 주었다. 이제 각 콘텐츠마다 고유한 음악을 가질 수 있으며, 이는 브랜드 정체성을 강화하는 중요한 요소가 되고 있다.

섬네일과 시각적 자산의 자동화

첫인상이 모든 것을 결정하는 쇼트폼 콘텐츠에서 섬네일의 중요성은 아무리 강조해도 지나치지 않다. 캔바(Canva)의 매직 미디어(Magic Media)나 섬네일ai(Thumbnail.ai) 같은 도구들은 단순한 텍스트 설명만으로도 클릭을 유도하는 섬네일을 즉시 생성할 수 있다.

최신 AI 섬네일 도구들은 유튜브, 인스타그램, 페이스북, 틱톡 등 각 플랫폼의 최적 사이즈에 자동으로 맞춰 섬네일을 생성하며, 성공한 섬네일 사례를 학습해 더 효과적인 디자인을 제안한다. 이는 디자인 경험이 없는 창작자도 전문가 수준의 시각적 자산을 만들 수 있게 해 준다.

특히 흥미로운 점은 이러한 도구들이 단순히 이미지를 생성하는 것을 넘어, A/B 테스트를 위한 여러 버전을 동시에 생성하고, 과거 성과 데이터를 기반으로 최적화 제안을 한다는 것이다. 이는 창작뿐만 아니라 마케팅 전략에서도 AI의 도움을 받을 수 있음을 보여 준다.

트렌드 분석과 콘텐츠 최적화

성공하는 쇼트폼 콘텐츠의 핵심은 적절한 타이밍에 적절한 콘텐츠를 제공하는 것이다. AI 기반 트렌드 분석 도구들은 실시간으로 소셜 미디어 트렌드를 모니터링하고, 창작자에게 새로운 기회를 알려준다.

스프라우트 소셜(Sprout Social)의 AI 어시스트(AI Assist) 같은 도구는 브랜드와 관련성이 높은 키워드를 자동으로 제안하고, 경쟁사 분석을 통해 차별화 포인트를 찾아 준다. 더 나아가 최적의 포스팅 시간, 해시태그 조합, 심지어 댓글에 대한 AI 생성 응답까지 제안한다.

리비드ai(Revid.ai) 같은 플랫폼은 틱톡에서 실시간으로 트렌딩되는 키워드를 추적하고, 이를 기반으로 바이럴 가능성이 높은 영상을 자동으로 생성한다. 이는 개인 창작자도 대기업 마케팅팀 수준의 시장 분석 능력을 갖출 수 있게 해 준다.

통합 워크플로의 등장

2025년 현재 AI 도구들의 가장 주목할 만한 발전은 개별 도구들 간의 통합이다. 디스크립트(Descript)의 언더로드(Underlord) 툴킷은 음성 품질 향상부터 자동 멀티캠 편집, 하이라이트 클립 생성까지 전체 제작 파이프라인을 하나의 플랫폼에서 처리할 수 있게 한다.

이러한 통합 접근법은 창작자들이 여러 도구 사이를 전환하며 겪던 불편함을 해소하고, 더욱 일관된 품질의 콘텐츠를 제작할 수 있게 해 준다. 또한 한 도구에서 생성된 자산을 다른 도구로 원활하게 전달할 수 있어, 전체적인 제작 효율성이 크게 향상되었다.

리비드ai는 아이디어 발굴부터 스크립트 생성, 영상 제작, 배포까지 전체 프로세스를 하나의 플랫폼에서 처리할 수 있는 통합 설루션을 제공한다. 이는 특히 리소스가 제한된 개인 창작자나 소규모 팀에게 강력한 경쟁력을 제공한다.

AI 도구 생태계의 경제학

AI 도구들의 가격 모델도 쇼트폼 창작 생태계에 큰 영향을 미치고 있다. 많은 AI 영상 생성 도구들이 높은 처리 비용으로 인해 유료 플랜의 제약이 점점 엄격해지고 있지만, 동시에 더 많은 무료 체험 기회를 제공하고 있다.

이는 창작자들이 다양한 도구를 실험해 볼 수 있는 기회를 확대하는 동시에, 정말 효과적인 도구에 대해서는 투자를 고려하게 만들고 있다. 결과적으로 품질과 효율성이 입증된 도구들만이 생존하는 자연 선택의 과정이 일어나고 있다.

특히 주목할 점은 구독 모델의 확산이다. 창작자들은 이제 수십만 원의 소프트웨어를 구매하는 대신, 월 단위로 필요한 도구들을 조합해 사용할 수 있게 되었다. 이는 진입 장벽을 크게 낮추는 동시에, 지속적인 혁신을 촉진하는 선순환 구조를 만들고 있다.

창작자 역할의 재정의

AI 도구 생태계의 발전은 창작자의 역할을 근본적으로 재정의하고 있다. 과거의 창작자가 '모든 것을 직접 제작하는 사람'이었다면, 현재의 창작자는 'AI와 협업해 아이디어를 현실화하는 감독'의 역할을 담당한다.

이는 기술적 스킬보다는 스토리텔링 능력, 브랜드 정체성, 관객과의 소통 능력이 더욱 중요해졌음을 의미한다. AI가 기술적 구현을 담당하면서, 창작자는 '무엇을 말할 것인가'와 '어떻게 관객과 연결할 것인가'에 더 집중할 수 있게 되었다.

2025년 현재 훗스위트(Hootsuite) 조사에 따르면 69%의 마케터가 AI를 일자리를 위협하는 기술이 아닌 새로운 기회를 창출하는 혁신 기술로 인식하고 있다. 이는 AI 도구들이 창작자의 대체재가 아니라 보완재로 작동하고 있음을 보여 준다.

접근성과 민주화

AI 도구 생태계의 가장 큰 의의는 고품질 콘텐츠 제작의 민주화다. 허브스팟(HubSpot)의 클립 크리에이터(Clip Creator)는 비디오 편집 경험이 전혀 없는 소규모 비즈니스 오너도 전문가 수준의 프레젠테이션 비디오를 제작할 수 있게 해 준다.

이전에는 수백만 원의 장비와 수년간의 학습이 필요했던 영상 제작이, 이제는 스마트폰과 월 구독료만으로도 가능해졌다. 이는 전 세계 어디에서나 누구나 글로벌 시장에 자신의 이야기를 전할 수 있는 기회를 얻었음을 의미한다.

특히 언어 장벽의 해소가 주목할 만하다. 쇼트 AI가 32개 언어로 콘텐츠를 생성할 수 있고, 일레븐랩스가 다양한 언어와 억양을 지원하면서, 창작자들은 자신의 모국어뿐만 아니라 다른 언어권 시장을 대상으로 한 콘텐츠도 제작할 수 있게 되었다.

품질과 개성의 균형

AI 도구들이 제공하는 편의성에도 불구하고, 창작자들이 직면한 새로운 도전은 '균질화'의 위험이다. 많은 창작자가 같은 AI 도구를 사용하면서 비슷한 스타일의 콘텐츠가 양산될 가능성이 있다.

하지만 선진적인 창작자들은 이미 이 문제를 극복하는 방법을 찾고 있다. AI 도구를 '브러시'처럼 활용하되, 자신만의 독특한 스타일과 메시지를 일관되게 유지하는 것이다. 결국 AI는 도구일 뿐이며, 어떻게 사용하느냐는 창작자의 역량에 달려 있다.

성공하는 창작자들은 AI 도구의 효율성을 활용하면서도, 자신만의 독특한 관점과 인간적 감성을 잃지 않는 방법을 터득하고 있다. 이는 기술의 발전이 인간의 창의성을 대체하는 것이 아니라, 오히려 더욱 부각하고 있음을 보여 준다.

결국 AI 도구 생태계는 창작의 기술적 장벽을 낮추어 더 많은 사람이 창작에 참여할 수 있게 하는 동시에, 진정한 창작자의 가치인 독창성과 인간적 소통 능력을 더욱 중요하게 만들고 있다. 이는 쇼트폼 콘텐츠 제작의 현재가 기술과 인간의 조화로운 협업에 있음을 보여 준다.

03
쇼트폼을 위한 AI 프롬프트

쇼트폼 콘텐츠의 성공은 첫 3초에 달려 있다. 이 짧은 순간에 시청자의 마음을 사로잡지 못하면 스와이프(swipe)로 넘어가 버리는 것이 현실이다. AI 프롬프트는 단순한 명령어가 아니라 창작자의 의도를 AI에게 전달하는 언어이자, 쇼트폼 콘텐츠의 핵심 메시지를 압축하는 설계도와 같다. 효과적인 프롬프트는 AI로 하여금 시청자의 감정을 즉시 자극하고, 강렬한 시각적 임팩트를 만들어 내며, 빠른 리듬감으로 마지막까지 몰입하게 만드는 콘텐츠를 생성하도록 돕는다.

AI와 난임 극복?

쇼트폼 프롬프트의 핵심 원리

압축의 미학: 한 문장에 담은 강렬함

쇼트폼 콘텐츠를 위한 AI 프롬프트는 압축의 예술이다. 전통적인 장편 콘텐츠와 달리, 쇼트폼은 복잡한 서사나 점진적인 감정 전개보다는 즉각적인 임팩트가 생명이다.

효과적인 쇼트폼 프롬프트는 '한 번에 하나의 강력한 메시지'를 추구한다. 예를 들어 "30초 안에 시청자가 놀라고, 웃고, 공감하게 만드는 영상"보다는 "첫 3초에 시청자가 깜짝 놀라게 만드는 반전 요소가 있는 영상"이 더 명확하고 실행 가능한 프롬프트다.

이는 AI가 집중할 수 있는 명확한 방향성을 제시하기 때문이다. 쇼트폼에서는 여러 감정을 동시에 자극하려 하기보다는, 하나의 강력한 감정에 집중하는 것이 더 효과적이다.

시간 기반 구조화: 초 단위의 정밀한 설계

쇼트폼 프롬프트에서 가장 중요한 것은 시간 기반의 구조화다. 15초, 30초, 60초라는 제한된 시간 안에서 각 순간이 명확한 목적을 가져야 한다.

"0-3초: 강력한 훅으로 주의 집중, 4-15초: 핵심 메시지 전달, 16-30초: 감정적 클라이맥스와 행동 유도" 같은 시간 기반 프롬프트 구조는 AI로 하여금 각 구간에 최적화된 콘텐츠를 생성하도록 돕는다.

특히 "첫 3초"에 대한 프롬프트는 극도로 구체적이어야 한다. "시청자가 스크롤을 멈추고 화면을 응시하게 만드는 순간"을 만들어 내는 것이 쇼트폼 성공의 열쇠이기 때문이다.

플랫폼 맞춤형 언어: 각 플랫폼의 DNA 이해하기

틱톡, 인스타그램 릴스, 유튜브 쇼츠는 겉보기에는 유사해 보이지만, 각각 고유한 문화와 시청 패턴을 가지고 있다. 효과적인 쇼트폼 프롬프트는 이러한 플랫폼별 특성을 반영해야 한다.

틱톡용 프롬프트는 "바이럴하기 쉬운", "트렌드에 부합하는", "Z세대가 공감할 수 있는" 등의 키워드를 포함해야 한다. 반면 유튜브 쇼츠용 프롬프트는 "구독자 증가에 도움이 되는", "교육적 가치가 있는", "시리즈로 연결 가능한" 등의 요소를 고려해야 한다.

이는 단순한 기술적 차이가 아니라, 각 플랫폼 사용자들의 기대치와 소비 패턴이 다르기 때문이다. AI는 이러한 맥락을 이해할 때 더욱 효과적인 콘텐츠를 생성할 수 있다.

감정적 임팩트를 위한 프롬프트 전략

감정의 속도: 빠른 감정 전환의 기술

쇼트폼에서는 감정의 속도가 중요하다. 긴 시간에 걸쳐 서서히 감정을 조성하는 것이 아니라, 순간적으로 강렬한 감정을 불러일으켜야 한다.

"점진적인 감정 상승보다는 즉각적인 감정 폭발"을 유도하는 프롬프트가 필요하다. 예를 들어 "시청자가 예상하지 못한 순간에 웃음이 터져 나오게 만드는" 또는 "첫 장면부터 소름 돋는 긴장감을 조성하는" 등의 표현이 효과적이다.

이때 중요한 것은 감정의 명확성이다. 애매한 감정보다는 "놀람", "웃음", "감동", "긴장" 등 명확하게 정의된 감정을 타깃으로 하는 프롬프트가 AI에게 더 명확한 방향성을 제시한다.

공감 포인트의 설계: 보편적 경험의 활용

쇼트폼에서 가장 강력한 감정적 임팩트는 시청자의 개

인적 경험과 연결될 때 발생한다. 효과적인 프롬프트는 "누구나 한 번쯤 경험했을 법한" 상황을 기반으로 한다.

"직장에서 겪는 일상적인 스트레스를 유머러스하게 표현하는", "학창 시절 누구나 경험한 부끄러운 순간을 재현하는", "현대인이라면 공감할 수밖에 없는 디지털 피로감을 다루는" 등의 프롬프트는 즉각적인 공감을 불러일으킨다.

이러한 공감 포인트는 문화적 맥락을 고려해야 한다. 한국 시청자를 대상으로 한다면 "한국인 특유의 정서", "한국 사회의 특별한 현상" 등을 프롬프트에 포함하는 것이 효과적이다.

대조와 반전: 예상을 뒤엎는 힘

쇼트폼에서 가장 강력한 감정적 도구 중 하나는 예상과 현실 사이의 간극이다. "평범해 보이는 시작에서 예상치 못한 결말로 이어지는" 구조의 프롬프트는 시청자의 주의를 끝까지 붙잡아 둔다.

"일상적인 상황으로 시작해서 완전히 다른 결말로 끝나는", "진부한 시작이지만 창의적인 해결책을 제시하는", "시청자의 예상을 정확히 반대로 뒤집는" 등의 반전 요소를 포함한 프롬프트는 강력한 인게이지먼트(참여)

를 만들어 낸다.

시각적 임팩트 극대화 전략

첫 프레임의 법칙: 섬네일 효과의 극대화

쇼트폼에서 첫 프레임은 섬네일의 역할을 한다. 스크롤하는 시청자의 손가락을 멈추게 만드는 것은 바로 이 첫 프레임의 시각적 임팩트다.

"화면을 가득 채우는 강렬한 색상으로 시작하는", "예상치 못한 오브젝트가 화면 중앙에 위치하는", "시청자의 시선을 즉시 특정 지점으로 유도하는" 등의 시각적 프롬프트는 AI로 하여금 주목도 높은 첫 프레임을 생성하도록 돕는다.

특히 모바일 화면의 세로 비율을 고려한 "세로형 구도에서 최대한의 임팩트를 만드는" 프롬프트가 중요하다. 가로형 구도와는 다른 시각적 전략이 필요하기 때문이다.

색상과 대비: 감정을 조율하는 시각 언어

색상은 쇼트폼에서 즉각적인 감정 전달의 핵심 도구다. "따뜻한 색조로 편안함을 전달하는", "강렬한 대비로 긴장감을 조성하는", "파스텔 톤으로 몽환적 분위기를 만드는" 등의 색상 기반 프롬프트는 시청자의 무의식적 감정 반응을 유도한다.

중요한 것은 색상의 일관성이다. "전체 영상에서 하나의 주요 색상을 중심으로 한 통일감 있는 팔레트"를 유지하는 프롬프트는 브랜드 인식과 시각적 완성도를 높인다.

또한 플랫폼별 트렌드 색상을 고려한 프롬프트도 효과적이다. 각 플랫폼마다 인기 있는 색상 조합이나 필터 스타일이 있기 때문이다.

움직임과 리듬: 동적 요소의 활용

쇼트폼은 정적 이미지가 아닌 움직이는 콘텐츠다. "빠른 장면 전환으로 리듬감을 살리는", "카메라 움직임으로 역동성을 표현하는", "오브젝트의 움직임으로 시선을 유도하는" 등의 동적 요소를 포함한 프롬프트가 필요하다.

특히 "비트에 맞춘 편집 리듬"이나 "음악과 싱크로나이즈된 시각적 변화" 등의 프롬프트는 시청각적 일체감을 만들어 내어 시청자의 몰입도를 높인다.

플랫폼별 최적화 프롬프트

틱톡: 트렌드와 창의성의 균형

틱톡용 프롬프트는 "현재 트렌드에 부합하면서도 독창적인" 콘텐츠를 목표로 해야 한다. "바이럴 잠재력이 높은", "해시태그 챌린지에 적합한", "듀엣이나 스티치가 가능한" 등의 요소를 고려한 프롬프트가 효과적이다.

틱톡의 알고리즘은 완시청률을 중요하게 여기므로, "처음부터 끝까지 시청자의 관심을 유지하는" 구조의 프롬프트가 필요하다. 또한 "댓글을 유도하는 질문이나 논란 요소"를 포함하는 것도 인게이지먼트 증가에 도움이 된다.

인스타그램 릴스: 미적 완성도와 라이프스타일

인스타그램 릴스는 미적 완성도가 중요한 플랫폼이다. "인스타그램의 전체적인 피드 톤앤매너와 조화를 이루는", "고급스러운 비주얼 퀄리티를 유지하는", "라이프스타일이나 브랜드 메시지와 연결되는" 등의 프롬프트가 적합하다.

또한 "스토리로 공유하고 싶게 만드는", "저장하고 싶은 정보나 영감을 포함하는" 등의 요소를 고려한 프롬프트는 리치와 저장률을 높이는 데 도움이 된다.

유튜브 쇼츠: 정보 전달과 구독 유도

유튜브 쇼츠는 정보 전달 기능이 강한 플랫폼이다. "유용한 정보를 빠르게 전달하는", "시리즈로 연결 가능한 콘텐츠 구조", "구독을 유도하는 끝맺음" 등의 요소를 포함한 프롬프트가 효과적이다.

또한 "긴 형태의 유튜브 콘텐츠로 연결되는", "채널의 전체적인 콘텐츠 전략과 일치하는" 등의 프롬프트는 쇼츠를 통한 채널 성장에 도움이 된다.

프롬프트 최적화의 실전 기법

반복 실험: 프롬프트의 점진적 개선

효과적인 쇼트폼 프롬프트는 한 번에 완성되지 않는다. "기본 프롬프트에서 시작해서 점진적으로 개선하는" 접근법이 필요하다.

초기 프롬프트로 생성된 결과를 분석하고, "부족한 부분을 구체적으로 보완하는" 추가 프롬프트를 작성하는 과정을 반복한다. 예를 들어 생성된 영상이 임팩트가 부족하다면 "더 강렬한 첫 장면"을, 스토리가 명확하지 않다면 “더 명확한 메시지 전달”을 위한 프롬프트를 추가한다.

데이터 기반 개선: 성과 지표와 프롬프트의 연결

쇼트폼의 성과는 명확한 지표로 측정 가능하다. 조회 수, 완시청률, 좋아요, 댓글, 공유 등의 지표를 분석해 어떤 스타일의 프롬프트가 더 효과적인지 파악할 수 있다.

“높은 완시청률을 기록한 콘텐츠의 프롬프트 패턴”을 분석하고, 이를 새로운 프롬프트 작성에 반영하는 것이 중요하다. 또한 “특정 타깃 오디언스에게 더 어필하는 프롬프트 스타일”을 찾아내 일관성 있게 활용하는 전략도 필요하다.

트렌드 반영: 변화하는 시대정신의 포착

쇼트폼 트렌드는 빠르게 변화한다. 효과적인 프롬프트는 “현재의 시대정신과 트렌드를 반영하는” 요소를 포함해야 한다.

“최근 화제가 된 이슈를 창의적으로 해석하는”, “새로운 밈이나 문화 현상을 활용하는”, “계절이나 시기에 맞는 콘텐츠를 만드는” 등의 시의성 있는 프롬프트가 바이럴 가능성을 높인다.

동시에 "트렌드에 휩쓸리지 않고 독창성을 유지하는" 균형감도 중요하다. 트렌드를 따르되 자신만의 해석과 스타일을 더하는 프롬프트가 장기적으로 더 효과적이다.

창의성과 효율성의 조화

쇼트폼을 위한 AI 프롬프트는 단순한 기술적 도구가 아니라, 창작자의 의도와 AI의 능력을 연결하는 창의적 언어다. 효과적인 프롬프트는 명확한 방향성을 제시하면서도 AI의 창의적 해석 여지를 남겨두는 절묘한 균형을 유지한다.

"구체적이지만 제한적이지 않은", "명확하지만 경직되지 않은" 프롬프트를 작성하는 것이 핵심이다. 이는 쇼트폼 콘텐츠 제작자에게 효율성과 창의성이라는 두 마리 토끼를 동시에 잡을 수 있는 강력한 도구가 된다.

결국 쇼트폼을 위한 AI 프롬프트는 짧은 시간 안에 최대한의 임팩트를 만들어 내는 압축된 창의성의 결정체다. 이를 마스터하는 것은 쇼트폼 시대의 콘텐츠 창작자에게 필수적인 역량이 될 것이다.

04
스토리텔링의 핵심

쇼트폼 콘텐츠는 시간의 제약 속에서 오히려 스토리텔링의 본질을 더욱 선명하게 드러낸다. 15초에서 60초라는 짧은 시간은 단순한 한계가 아니라, 창작자로 하여금 이야기의 핵심만을 추출해 내도록 강요하는 창작적 촉매제다. 전통적인 서사 구조의 군더더기를 벗어던지고, 순수한 감정과 메시지만으로 시청자의 마음을 움직여야 하는 이 영역에서, 우리는 스토리텔링의 가장 원초적이면서도 강력한 힘을 재발견하게 된다.

AI와 사주?

시간이 만드는 새로운 이야기의 법칙

쇼트폼 스토리텔링을 이해하기 위해서는 먼저 '시간'이라는 제약이 어떻게 이야기의 본질을 재정의하는지 살펴봐야 한다. 영화 제작자로서 90분의 장편 영화와 60초의 쇼트폼 콘텐츠 사이에는 단순한 길이의 차이 이상의 근본적인 차이가 존재한다는 것을 경험해 왔다.

장편 영화에서는 캐릭터의 성장, 복잡한 갈등의 해결, 다층적인 주제 의식을 천천히 풀어낼 수 있다. 관객은 극장이라는 폐쇄된 공간에서 일정 시간 동안 집중할 준비가 되어 있다. 반면 쇼트폼 콘텐츠의 시청자는 지하철에서, 카페에서, 침대에 누워서 무한 스크롤의 바다를 항해하고 있다. 이들의 주의력은 분산되어 있고, 언제든 다음 콘텐츠로 넘어갈 준비가 되어 있다.

이러한 시청 환경의 변화는 스토리텔링의 근본적 접근법을 바꿔야 함을 의미한다. 쇼트폼에서는 '빌드업'이라는 개념이 사라진다. 관객을 서서히 이야기 속으로 끌어들일 시간이 없다. 첫 프레임부터 이미 절정이어야 하고, 마지막 프레임까지 그 에너지를 유지해야 한다.

감정의 즉시성이 쇼트폼 스토리텔링의 핵심이다. 복잡한 논리적 전개보다는 즉각적인 감정적 반응을 이끌어내는 것이 중요하다. 웃음, 놀라움, 감동, 분노, 이런 원초적 감정들이 쇼트폼의 주요 무기가 된다. 시청자가 "아, 이거 재밌네"라고 생각할 시간을 주지 않고, 몸이 먼저 반응하게 만들어야 한다.

첫 3초의 마법: 훅의 설계

"첫인상이 전부다"라는 말이 쇼트폼 콘텐츠에서는 문자 그대로 적용된다. 첫 3초 안에 시청자의 관심을 끌지 못하면 게임은 이미 끝난 것이나 다름없다. 이 3초는 단순히 시작점이 아니라, 전체 콘텐츠의 성패를 좌우하는 결정적 순간이다.

효과적인 훅을 만들기 위해서는 인간의 본능적 호기심을 자극해야 한다. "이게 뭐지?", "다음엔 뭐가 일어나지?"라는 질문이 자연스럽게 떠오르도록 만드는 것이다. 이는 반드시 시각적 충격일 필요는 없다. 때로는 예상치 못한 대사 한 마디, 익숙한 상황의 낯선 해석, 혹은 감정적 모순이 더 강력한 훅이 될 수 있다.

가장 강력한 훅 중 하나는 '역설적 상황'이다. 예를 들어, "내가 회사를 그만둔 진짜 이유"라는 제목으로 시작하되, 첫 장면에서는 승진 축하 파티가 벌어지고 있는 모습을 보여 주는 것이다. 시청자는 즉시 이 모순을 해결하고 싶어 한다.

감각적 불일치 역시 효과적인 훅이다. 조용한 도서관에서 갑자기 들려오는 댄스 음악, 고급 레스토랑에서 라면을 먹는 사람, 결혼식장에서 울고 있는 신랑, 이런 장면들은 즉시 "왜?"라는 질문을 만들어 낸다.

무엇보다 중요한 것은 약속과 보상의 구조다. 훅은 단순히 관심을 끄는 것을 넘어, 시청자에게 "이 영상을 끝까지 보면 뭔가 가치 있는 것을 얻을 수 있을 것"이라는 확신을 줘야 한다. 이 약속은 반드시 지켜져야 한다. 훅에서 제시한 궁금증은 콘텐츠 안에서 해소되어야 하고, 암시한 감정적 보상은 실제로 제공되어야 한다.

압축의 미학: 쇼트폼 스토리 구조

전통적인 3막 구조를 60초 안에 욱여넣는 것은 불가능하다. 쇼트폼에서는 새로운 구조적 접근이 필요하다. 가장 효과적인 것은 '스냅샷 스토리텔링'이다. 이는 완전한 서사보다는 결정적 순간의 포착에 집중하는 방식이다.

순간의 확장이 핵심 기법이다. 하나의 작은 순간을 깊이 있게 탐구해 보편적 경험으로 확장하는 것이다. 예를 들어, 엘리베이터에서 아는 사람과 마주쳤을 때의 그 미묘한 순간을 통해 현대인의 관계 맺기의 어려움을 드러낼 수 있다.

쇼트폼에서 가장 강력한 구조 중 하나는 '반전 구조'다. 시청자가 한 가지로 이해하고 있던 상황이 마지막에 완전히 다른 의미로 밝혀지는 것이다. 하지만 이 반전은 억지스럽지 않아야 한다. 돌이켜보면 모든 단서가 이미 제시되어 있었다는 느낌을 줘야 한다.

'루프 구조'역시 효과적이다. 끝과 시작이 연결되어 완전한 원을 그리는 구조로, 짧은 시간 안에 완결성을 제공한다. 아침에 집을 나서는 장면으로 시작해서 저녁에 같은 문을 열고 들어오는 장면으로 끝나지만, 그사이에 주인공의 내적 변화가 담겨 있는 식이다.

중요한 것은 '생략의 예술'이다. 무엇을 보여 주지 않을지 결정하는 것이 무엇을 보여 줄지 결정하는 것만큼 중요하다. 시청자의 상상력을 믿고 맡겨야 할 부분과 명확히 제시해야 할 부분을 구분하는 안목이 필요하다.

감정의 리듬: 페이싱 전략

쇼트폼에서 페이싱은 단순히 편집의 빠르기를 의미하지 않는다. 감정의 리듬을 만들어 내는 것이다. 시청자의 심장 박동을 조절하고, 호흡을 바꾸고, 몰입의 깊이를 결정하는 것이다.

강약의 대비가 핵심이다. 계속해서 높은 에너지를 유

지하면 시청자는 금세 지친다. 마치 음악에서 포르테와 피아노가 교대로 나타나듯, 강렬한 순간과 잔잔한 순간을 적절히 배치해야 한다. 하지만 쇼트폼에서는 이 변화가 매우 빠르게 일어난다.

호흡의 패턴을 만드는 것도 중요하다. 빠른 컷의 연속으로 긴장감을 조성한 후, 갑자기 긴 샷으로 전환해 잠깐의 휴식을 주는 것이다. 이런 리듬감은 시청자로 하여금 무의식적으로 콘텐츠에 몰입하게 만든다.

예측과 파괴의 패턴도 효과적이다. 시청자가 어떤 리듬을 예상하게 만든 후, 그 예상을 적절히 깨뜨리는 것이다. 예를 들어, 일정한 박자로 반복되던 액션이 갑자기 멈추거나, 예상되던 다음 장면 대신 전혀 다른 장면이 나오는 것이다.

가장 중요한 것은 감정적 해소다. 쇼트폼이 아무리 짧더라도 시청자에게 어떤 형태의 카타르시스를 제공해야 한다. 이는 반드시 해피 엔딩일 필요는 없다. 깨달음, 공감, 웃음, 심지어 적절한 분노까지도 모두 해소의 형태가 될 수 있다.

시청자와의 연결: 공감의 순간들

쇼트폼의 가장 큰 특징 중 하나는 극도의 개인적 경험이라는 점이다. 시청자는 혼자서, 작은 화면을 통해, 매우 가까운 거리에서 콘텐츠를 소비한다. 이는 기존의 어떤 미디어보다도 친밀한 소통 방식이다.

이런 친밀성을 활용하려면 보편적 경험의 특수한 표현이 필요하다. 모든 사람이 경험해 봤지만 정확히 언어로 표현하기 어려웠던 순간들을 포착해 내는 것이다. "월요일 아침 알람 소리", "엘리베이터에서 층수를 잘못 눌렀을 때", "친구와 동시에 같은 말을 했을 때", 이런 미시적 경험들이 강력한 공감대를 형성한다.

세대적 공감 코드도 중요하다. 특정 세대가 공유하는 문화적 기억, 유행, 경험 들을 활용해 강한 동질감을 만들어 낼 수 있다. 하지만 이때 주의할 점은 배타적이지 않게 하는 것이다. 그 세대가 아닌 사람들도 이해할 수 있고, 나름의 재미를 찾을 수 있어야 한다.

감정의 정확성이 공감의 핵심이다. 막연한 슬픔이 아니라 "시험 전날 밤 느끼는 그 특별한 종류의 불안감", 일반적인 기쁨이 아니라 "오랜만에 좋아하는 음식을 먹을 때의 그 순간적 행복감"처럼 매우 구체적이고 정확한 감정을 포착해야 한다.

중요한 것은 취약성의 공유다. 완벽한 모습보다는 인간적인 약함, 실수, 당황스러운 순간 들을 보여 주는 것이 더 강한 연결감을 만든다. 시청자들은 누군가의 성공담보다는 실패담에서, 완성된 모습보다는 과정에서 더 큰 공감을 느낀다.

메시지의 압축과 확장

쇼트폼에서 메시지 전달은 매우 독특한 방식으로 이뤄진다. 직접적인 설명이나 긴 대사를 통한 전달은 불가능하다. 대신 상징과 은유를 통한 압축적 표현이 필요하다.

시각적 메타포가 가장 효과적이다. 복잡한 개념이나 감정을 하나의 강력한 이미지로 압축하는 것이다. 예를 들어, 현대인의 소외감을 표현하기 위해 붐비는 지하철에서 혼자 서 있는 모습을 보여 주거나, 시간의 빠른 흐름을 표현하기 위해 타임 랩스로 변화하는 계절을 담는 것이다.

대조의 힘도 강력하다. 서로 반대되는 두 요소를 나란히 배치해 메시지를 부각하는 것이다. 고급 브랜드 가방을 든 손과 음식을 찾는 비둘기의 모습을 교차 편집해 현대 사회의 모순을 드러내는 식이다.

반복의 변주를 통해서도 메시지를 강화할 수 있다. 같은 행동이나 상황을 반복하되, 미묘한 변화를 주어 시간의 흐름이나 변화의 과정을 표현하는 것이다. 매일 같은 시간에 같은 카페에서 커피를 마시는 모습을 보여 주되, 계절의 변화, 나이의 변화, 심경의 변화를 함께 담아내는 것이다.

무엇보다 중요한 것은 해석의 여지를 남겨 두는 것이다. 모든 것을 명확히 설명하려고 하지 말고, 시청자가 스스로 의미를 찾아갈 수 있는 공간을 만들어야 한다. 이런 능동적 참여가 더 깊은 기억과 감동을 만들어 낸다.

실전 인사이트: 성공하는 쇼트폼의 공통점

수많은 성공한 쇼트폼 콘텐츠들을 분석해 보면 몇 가지 공통점을 발견할 수 있다. 첫째는, 명확한 감정적 목표다. 시청자로 하여금 어떤 감정을 느끼게 하고 싶은지 처음부터 명확했던 콘텐츠들이 성공했다.

둘째는, 재시청 요소의 존재다. 한 번 보고 끝나는 것이 아니라, 다시 보고 싶게 만드는 요소가 있는 콘텐츠들이 더 많은 참여를 이끌어냈다. 이는 숨겨진 디테일이거나, 다중적 의미이거나, 단순히 기분 좋게 만드는 요소일 수 있다.

셋째는, 참여 유도의 자연스러움이다. 억지로 댓글이나 공유를 요청하지 않아도, 자연스럽게 시청자들이 반응하고 싶게 만드는 콘텐츠들이 더 큰 파급력을 가졌다.

진정성도 빼놓을 수 없는 요소다. 아무리 기술적으로 완벽하고 전략적으로 잘 만들어진 콘텐츠라도, 제작자의 진심이 느껴지지 않으면 시청자들의 마음을 움직이기 어렵다. 반대로 기술적으로는 부족하더라도 진정성이 느껴지는 콘텐츠는 강한 감동을 준다.

마지막으로, 시의성과 보편성의 균형이다. 지금 이 순간의 트렌드나 이슈를 반영하되, 시간이 지나도 여전히 의미 있는 메시지를 담고 있는 콘텐츠들이 오래도록 사랑받는다.

쇼트폼 스토리텔링은 제약 속에서 피어나는 창의성의 극치다. 60초라는 짧은 시간은 한계가 아니라 오히려 순수한 스토리텔링의 본질을 드러내는 촉매제다. 불필요한 것들을 모두 걷어 내고, 남은 핵심만으로 시청자의 마음을 움직이는 것, 그것이 쇼트폼 스토리텔링의 진정한 매력이자 도전이다.

05
AI 기반 시각적 스타일

쇼트폼 콘텐츠에서 시각적 스타일은 단순한 장식이 아니라 생존 도구다. 무한 스크롤 속에서 손가락을 멈추게 하는 것은 첫 프레임의 시각적 충격이며, 3초 안에 시청자의 마음을 사로잡지 못하면 다음 기회는 없다. 미드저니, 런웨이, 클링 같은 AI 도구들의 등장으로 이제 개인 창작자도 전문가 수준의 비주얼을 구현할 수 있게 되었다. 하지만 진짜 도전은 이런 도구들을 체계적으로 활용해 자신만의 시각적 언어를 만드는 것이다. 구체적인 방법론과 실무 워크플로를 중심으로 AI 기반 시각적 스타일 개발 과정을 탐구한다.

AI와 아이돌?

AI 이미지 생성 도구 활용 전략

미드저니 기반 스타일 개발

미드저니(Midjourney)는 현재 가장 널리 사용되는 AI 이미지 생성 도구 중 하나다. 쇼트폼 콘텐츠 제작에서 미드저니를 효과적으로 활용하려면 단순히 프롬프트를 입력하는 것을 넘어 체계적인 접근이 필요하다.

먼저 스타일 일관성을 위한 시드값 관리가 핵심이다. 같은 시드값을 사용하면 유사한 구성과 색감을 얻을 수 있어 시리즈물이나 연속 콘텐츠에서 시각적 통일성을 유지할 수 있다. 시드값을 고정하고, 이를 기반으로 다양한 변주를 만들어 내는 방식이다.

스타일라이즈 값(Stylize Parameter) 조정도 중요하다. 낮은 값에서 높은 값 사이에서 조정하면서 원하는 스타일의 강도를 찾아야 한다. 쇼트폼 콘텐츠의 경우 강렬한 임팩트가 필요하므로 대체로 높은 스타일라이즈 값이 효과적이다.

종횡비 설정은 플랫폼에 따라 달리해야 한다. 세로형 쇼트폼 플랫폼용이라면 9:16 비율을, 정사각형이 필요하다면 1:1을 기본으로 설정한다. 하지만 후편집에서 크로핑(cropping)이나 확대를 고려한다면 정사각형으로 생성한 후 필요에 따라 조정하는 것이 더 유연하다.

스타일 레퍼런스 활용법

미드저니의 스타일 레퍼런스 기능을 활용하면 일관된 시각적 톤을 유지할 수 있다. 브랜드 컬러나 선호하는 스타일의 이미지를 레퍼런스로 설정하고, 이를 모든 생성 작업에 적용하는 것이다.

효과적인 방법은 여러 개의 스타일 레퍼런스를 조합하는 것이다. 색감 레퍼런스와 구성 레퍼런스를 조합해서 활용할 수 있다. 이때 각 레퍼런스의 가중치를 조정해서 원하는 스타일의 균형점을 찾아야 한다.

자체 제작한 이미지를 레퍼런스로 활용하는 것도 좋은 전략이다. 초기에 AI로 생성한 이미지 중 만족스러운 것을 스타일 레퍼런스로 설정하고, 이를 기반으로 시리즈를 확장해 나가는 방식이다.

AI 비디오 생성 도구 워크플로

런웨이 활용 영상 제작

런웨이(Runway)는 TTV(Text-to-Video) 생성에서 안정적인 결과를 보여 주는 도구 중 하나다. 쇼트폼 콘텐츠 제작에서 런웨이를 효과적으로 활용하려면 몇 가지 핵심 원칙을 지켜야 한다.

첫째, 짧은 클립 생성 후 연결하는 방식을 사용한다. 짧은 클립을 여러 개 만들어서 편집 단계에서 연결하는 것이 품질 면에서 유리하다. 각 클립은 명확한 하나의 동작이나 움직임에 집중해야 한다.

둘째, 이미지 투 비디오(Image-to-Video) 방식을 적극 활용한다. 미드저니에서 생성한 고품질 이미지를 런웨이에 입력해서 움직임을 부여하는 방식이 텍스트만으로 생성하는 것보다 안정적이고 예측 가능한 결과를 준다.

셋째, 카메라 움직임 제어가 핵심이다. 확대, 패닝, 틸트 같은 명확한 카메라 동작 지시어를 사용해서 의도한 시각적 효과를 얻어야 한다. 특히 쇼트폼에서는 역동적인 카메라 움직임이 시청자의 주의를 끄는 데 효과적이다.

클링 활용 고급 기법

클링(Kling)은 특히 인물 영상 생성에서 뛰어난 성능을 보인다. 쇼트폼 콘텐츠에서 인물이 등장하는 장면을 만들 때 유용하다.

클링의 장점은 상대적으로 긴 영상을 생성할 수 있다

는 것이다. 하지만 프롬프트 작성에서는 더욱 세밀한 접근이 필요하다. 인물의 표정, 동작, 의상까지 구체적으로 명시해야 원하는 결과를 얻을 수 있다.

특히 얼굴 일관성 유지가 중요한데, 이를 위해 동일한 인물 설정을 반복해서 사용하거나, 레퍼런스 이미지를 활용하는 것이 효과적이다. 캐릭터 일관성 관련 키워드를 포함해서 시리즈 내에서 동일한 인물이 등장하도록 유도할 수 있다.

체계적인 스타일 가이드 구축

컬러 팔레트 정의와 관리

AI 도구를 활용한 콘텐츠 제작에서 색상 일관성은 매우 중요하다. 먼저 브랜드에 맞는 주요 색상을 정의하고, 이를 모든 AI 생성 작업에 일관되게 적용해야 한다.

효과적인 방법은 색상 이름과 함께 구체적인 설명을 문서화하는 것이다. 예를 들어, "딥 튀르쿠아즈(Deep Turquoise)", "웜 골드(Warm Gold)" 같은 식으로 정의하고, 프롬프트에 이런 구체적인 색상 명을 포함한다.

계절별이나 콘텐츠 주제별로 팔레트를 변주하는 것도 좋은 전략이다. 기본 팔레트를 유지하면서 보조 색상을 교체해서 다양성을 확보하는 것이다. 이때 색상환에서의 관계를 고려해서 조화로운 조합을 만들어야 한다.

타이포그래피 일관성 유지

AI로 생성된 이미지나 영상에 텍스트를 오버레이(Overlay)할 때 타이포그래피 일관성이 브랜드 인식에 큰 영향을 준다. 주 서체를 정의하고, 용도를 명확히 구분해야 한다.

일반적으로 제목용 서체, 본문용 서체, 강조용 서체로 구분하는 것이 효과적이다. 각 서체의 크기, 굵기, 간격에 대한 가이드라인도 함께 정의해야 한다.

특히 쇼트폼에서는 가독성이 중요하므로, 작은 화면에서도 명확히 읽힐 수 있는 서체를 선택해야 한다. 세리프(serif)보다는 산세리프(sans serif)가, 얇은 굵기보다는 중간 이상의 굵기가 효과적이다.

고급 프롬프트 엔지니어링

레이어드 프롬프트 구성법

효과적인 AI 생성을 위해서는 프롬프트를 체계적으로 구성해야 한다. 레이어드(Layered) 접근법을 사용하면 더 정확하고 일관된 결과를 얻을 수 있다.

첫 번째 레이어는 기본 주제와 구성이다. 핵심 요소를 먼저 정의한다. 두 번째 레이어는 스타일과 분위기다. 원하는 톤과 무드를 추가한다.

세 번째 레이어는 기술적 세부 사항이다. 카메라 설정이나 촬영 스타일을 포함해서 원하는 화질과 구성을 유도한다. 마지막 레이어는 색상과 후처리 효과다. 최종 마무리 지시어를 추가한다.

네거티브 프롬프트 활용

원하지 않는 요소를 명시적으로 제외하는 네거티브 프롬프트는 결과물의 품질을 크게 좌우한다. 쇼트폼 콘텐츠에서는 특히 다음과 같은 요소들을 네거티브 프롬프트에 포함해야 한다.

화질 관련으로는 흐림, 픽셀화, 저품질, 아티팩트, 노이즈를 제외한다. 구성 관련으로는 복잡함, 혼란스러운 구성, 과도한 요소 들을 배제한다. 색상 관련으로는 과채도, 탁한 색상, 대비 부족, 색 빠짐을 방지한다.

플랫폼별로 특화된 네거티브 프롬프트를 준비하는 것도 좋다. 각 플랫폼 특성에 맞지 않는 요소들을 미리 제외하는 방식이다.

효율적인 제작 파이프라인

배치 생성과 선별 시스템

AI 도구의 특성상 항상 원하는 결과를 첫 번째 시도에서 얻기는 어렵다. 따라서 배치 생성 시스템을 구축해서 효율성을 높여야 한다.

동일한 프롬프트로 여러 버전을 생성하고, 이 중에서 최적의 결과를 선별하는 방식이다. 일반적으로 하나의 콘셉트에 대해 여러 개의 변주를 생성하고, 이 중에서 일부를 선택해서 정교화 작업을 진행한다.

선별 기준을 미리 정의해 두는 것이 중요하다. 기술적 품질, 콘셉트 부합도, 브랜드 일관성, 플랫폼 적합성 등의 기준에 따라 체계적으로 선별한다.

버전 관리와 자산 라이브러리

AI로 생성한 모든 자산을 체계적으로 관리하는 시스템이 필요하다. 파일명 규칙을 정하고, 메타데이터를 기록해서 나중에 재활용할 수 있도록 해야 한다.

파일명에는 플랫폼, 카테고리, 타입, 버전, 사용 도구 등의 정보를 포함해서 추후 검색과 관리를 용이하게 한다.

또한 성공적인 프롬프트와 설정값을 별도로 저장해서 재사용할 수 있도록 한다. 특히 좋은 결과를 낸 시드값, 스타일 레퍼런스, 프롬프트 조합을 데이터베이스화해서 향후 작업에 활용한다.

플랫폼별 최적화 기법

틱톡 특화 비주얼 전략

틱톡(TikTok)은 빠른 편집과 역동적인 움직임을 선호하는 플랫폼이다. AI 생성 콘텐츠도 이러한 특성에 맞춰 조정해야 한다. 정적인 이미지보다는 미세한 움직임이 있는 영상이 효과적이다.

색상은 채도가 높고 대비가 강한 것이 유리하다. 프롬프트에 생생한 색상, 강한 대비, 강렬한 채도 같은 키워드를 포함시켜서 틱톡 사용자들이 선호하는 시각적 스타일을 구현한다.

특히 첫 3초에 강력한 시각적 훅이 필요하므로, 영상의 시작 부분에는 확대, 회전, 색상 변화 같은 역동적인 요소를 포함해야 한다. AI 비디오 도구에서 이런 효과를 만들 때는 명확한 움직임 지시어를 사용한다.

인스타그램 릴스 세련된 접근

인스타그램 릴스(Instagram Reels)는 상대적으로 세련되고 큐레이션된 콘텐츠를 선호한다. AI 생성 시에도 이런 특성을 반영해야 한다. 과도한 효과보다는 자연스럽고 고급스러운 느낌이 중요하다.

색상 팔레트는 더 절제되고 조화로운 것이 좋다. 차분한 톤, 세련된 팔레트, 균형 잡힌 구성 같은 키워드를 활용해서 인스타그램의 미적 기준에 부합하는 콘텐츠를 만든다.

또한 브랜딩 요소를 자연스럽게 통합하는 것이 중요하다. 로고나 브랜드 컬러를 억지로 강조하기보다는, 전체적인 톤 안에서 자연스럽게 녹여내는 접근이 효과적이다.

유튜브 쇼츠 정보 전달 중심

유튜브 쇼츠(Shorts)는 정보 전달과 교육적 콘텐츠가 많은 플랫폼이다. 따라서 AI 생성 비주얼도 정보의 명확한 전달을 지원하는 방향으로 설계해야 한다.

텍스트 오버레이를 고려한 구성이 중요하다. 프롬프트에 깨끗한 배경, 텍스트 공간 확보 같은 키워드를 포함해서 후편집에서 텍스트나 그래픽을 추가하기 용이한 이미지를 생성한다.

또한 시리즈물의 일관성이 특히 중요하므로, 동일한 시드값과 스타일 레퍼런스를 유지해서 브랜드 인지도를 높여야 한다.

품질 관리와 후편집 최적화

AI 생성물의 한계 보완

AI로 생성된 콘텐츠는 여전히 완벽하지 않다. 특히 세부적인 디테일이나 일관성 면에서 보완이 필요한 경우가 많다. 체계적인 후편집 과정을 통해 이런 한계를 극복해야 한다.

첫 번째는 화질 개선이다. 업스케일링 도구를 활용해서 해상도를 높이고, 샤프닝 필터를 적용해서 선명도를 개선한다. 특히 모바일 화면에서 봤을 때의 가독성을 중심으로 최적화해야 한다.

두 번째는 색상 보정이다. AI가 생성한 색상이 의도한 브랜드 컬러와 정확히 일치하지 않을 수 있으므로, 색상 보정을 통해 일관성을 맞춰야 한다. 특히 피부 톤이나 브랜드 컬러 같은 중요한 색상은 수동으로 조정하는 것이 안전하다.

일관성 검증 체크리스트

모든 AI 생성 콘텐츠는 일관성 검증 과정을 거쳐야 한다. 브랜드 가이드라인 준수, 플랫폼 기준 충족, 기술적 품질 기준 등을 체계적으로 점검하는 체크리스트를 만들어 활용한다.

시각적 요소 체크리스트에는 색상 팔레트 일치, 타이포그래피 가이드라인 준수, 로고 및 브랜딩 적절한 배치, 전체적인 톤앤매너 일관성이 포함된다. 기술적 요소 체크리스트에는 해상도 기준 충족, 파일 크기 최적화, 압축 품질 확인, 플랫폼별 스펙 준수가 들어간다.

특히 시리즈물의 경우 이전 에피소드와의 시각적 연계성도 중요하다. 동일한 캐릭터나 배경이 등장할 때 일관성이 유지되고 있는지 면밀히 검토해야 한다.

효율적인 워크플로 구축

템플릿 기반 표준화

개인 창작자에서 팀 단위로 확장할 때를 고려한 워크플로 설계가 중요하다. 표준화된 프로세스와 명확한 역할 분담을 통해 팀원이 추가되어도 일관된 품질을 유지할 수 있어야 한다.

템플릿과 프리셋(Preset)을 활용한 표준화가 핵심이다. 자주 사용하는 프롬프트 템플릿, 색상 프리셋, 편집 템플릿 등을 미리 준비해 두고, 팀원 누구나 쉽게 활용할 수 있도록 한다.

또한 품질 관리 체계도 중요하다. 단계별 검토 프로세스, 피드백 시스템, 버전 관리 등을 체계화해서 여러 사람이 작업해도 일관된 결과물을 만들어 낼 수 있어야 한다.

지속적인 개선과 학습

AI 기술은 빠르게 발전하고 있으며, 새로운 기능과 도구들이 계속 등장한다. 따라서 지속적인 학습과 개선이 필요하다. 정기적으로 새로운 기능을 테스트하고, 워크플로를 업데이트해야 한다.

또한 생성된 콘텐츠의 성과를 분석해서 어떤 스타일이나 접근법이 더 효과적인지 파악해야 한다. 이런 데이터를 바탕으로 프롬프트나 설정을 개선해 나가는 것이다.

실험과 혁신을 두려워하지 않는 자세도 중요하다. AI 도구의 새로운 가능성을 탐구하고, 기존의 관습에 얽매이지 않고 창의적인 접근을 시도해야 한다.

AI 기반 시각적 스타일 개발은 기술적 도구 활용을 넘어 체계적인 방법론과 지속적인 최적화가 필요한 과정이다. 각 도구의 특성을 이해하고, 플랫폼별 요구사항에 맞춰 최적화하며, 효율적인 워크플로를 구축할 때 비로소 AI의 진정한 잠재력을 활용할 수 있다.

06
AI로 강화하는 음향과 음악 디자인

쇼트폼 콘텐츠에서 음향은 단순한 배경이 아닌 스토리의 핵심 요소다. 3초 안에 시청자의 마음을 사로잡아야 하는 쇼트폼의 특성상, 첫 소리가 콘텐츠의 성패를 좌우한다. AI 기술의 발전으로 이제 창작자들은 전문적인 음향 장비나 깊은 음악 지식 없이도 감정을 자극하는 사운드스케이프를 만들 수 있게 되었다. 하지만 기술적 편의성보다 중요한 것은 어떤 소리가 우리 이야기에 진정 필요한지를 아는 통찰력이다.

AI와 야구?

소리가 먼저다: 쇼트폼에서 음향의 절대적 지위

영화 제작자로서 수많은 작품을 만들어 오면서 깨달은 진실이 하나 있다. 관객은 나쁜 영상은 참아도 나쁜 음향은 참지 않는다는 것이다. 이는 쇼트폼에서 더욱 극명하게 드러난다. 15초에서 60초라는 짧은 시간 동안 시청자의 주의를 끌고 유지해야 하는 쇼트폼에서는 음향이 곧 생명선이다.

틱톡이나 인스타그램 릴스를 스크롤하는 사용자들의 행동을 관찰해 보면 흥미로운 패턴을 발견할 수 있다. 시각적으로 매력적인 영상도 소리가 어색하거나 부자연스러우면 즉시 넘어간다. 반대로 화질이 완벽하지 않더라도 음향이 매력적이면 끝까지 시청한다. 이는 인간의 청각이 시각보다 감정에 더 직접적으로 연결되어 있기 때문이다.

AI 음향 도구들은 이러한 인사이트를 바탕으로 설계되었다. 단순히 기술적으로 완벽한 소리를 만드는 것이 아니라, 감정적 반응을 유도하는 소리를 생성하는 데 초점을 맞추고 있다. 하지만 여전히 창작자의 감각과 판단이 핵심이다. AI는 도구일 뿐, 어떤 감정을 언제 어떻게 자극할지는 여전히 인간의 몫이다.

3초의 법칙: 오프닝 사운드의 심리학

쇼트폼 콘텐츠에서 가장 중요한 3초는 바로 시작 부분이다. 이 시간 동안 시청자의 뇌는 "이 콘텐츠를 계속 볼 가치가 있는가?"를 판단한다. 시각적 요소만으로는 충분하지 않다. 소리가 뒷받침되어야 한다.

성공적인 오프닝 사운드는 세 가지 조건을 만족한다. 첫째, 예측 불가능해야 한다. 뻔한 소리는 뇌의 관심을 끌지 못한다. 둘째, 콘텐츠의 톤과 일치해야 한다. 코미디 콘텐츠에 웅장한 오케스트라 음악을 깔면 시청자는 혼란스러워한다. 셋째, 다음 장면으로의 전환을 자연스럽게 유도해야 한다.

AI 도구들은 이러한 조건들을 분석해 최적의 오프닝 사운드를 제안한다. 하지만 여기서 중요한 것은 AI의 제안을 맹신하지 않는 것이다. 알고리즘은 데이터를 기반으로 하지만, 창작자의 직관은 데이터로 설명할 수 없는 영역까지 포괄한다. AI의 제안을 출발점으로 삼되, 자신만의 감각으로 최종 판단을 내려야 한다.

감정의 지도: 음악이 만드는 시청자 여정

쇼트폼 콘텐츠에서 음악은 시청자의 감정을 조율하는 지휘자 역할을 한다. 15초짜리 영상에서도 기승전결이 있어야 하고, 음악은 이러한 구조를 더욱 명확하게 만들어 준다.

감정적 임팩트를 강화하는 음악 선택에는 몇 가지 원칙이 있다. 첫째, 음악이 메시지를 압도해서는 안 된다. 음악은 이야기를 돕는 조연이지 주인공이 아니다. 둘째, 플랫폼의 특성을 고려해야 한다. 틱톡에서는 트렌디한 음악이 중요하지만, 유튜브 쇼츠에서는 좀 더 다양한 시도가 가능하다. 셋째, 대상 청중의 음악적 취향을 파악해야 한다.

AI 음악 생성 도구들의 가장 큰 장점은 라이선스 걱정 없이 창작자가 원하는 무드의 음악을 빠르게 만들 수 있다는 것이다. 하지만 AI가 생성한 음악이 항상 최선의 선택은 아니다. 때로는 완전한 무음이나 자연음이 더 강력한 효과를 낼 수 있다. 음악의 부재 역시 하나의 선택이라는 점을 잊지 말아야 한다.

플랫폼의 언어: 각기 다른 음향 문법

각 플랫폼은 고유한 음향 문법을 가지고 있다. 틱톡에서 인기를 끈 음향이 인스타그램 릴스에서는 평범하게 느껴질 수 있고, 유튜브 쇼츠에서는 아예 어색할 수 있다. 이는 플랫폼마다 사용자층과 시청 환경이 다르기 때문이다.

틱톡은 트렌드 중심의 플랫폼이다. 여기서는 바이럴한 음악을 활용하는 것이 중요하다. 하지만 단순히 인기 음악을 가져다 쓰는 것이 아니라, 자신의 콘텐츠와 어떻게 조화를 이룰지 고민해야 한다. 인스타그램 릴스는 좀 더 세련된 음향을 선호한다. 갑작스러운 음량 변화보다는 부드러운 전환이 효과적이다. 유튜브 쇼츠는 상대적으로 자유롭다. 다양한 음향 실험이 가능하고, 독창적인 사운드가 오히려 주목받을 수 있다.

AI 분석 도구들은 각 플랫폼의 트렌드를 실시간으로 추적해 최적의 음향 선택을 제안한다. 하지만 트렌드를 따르는 것과 트렌드를 만드는 것은 다르다. 진정한 창작자라면 때로는 트렌드에 맞서는 용기도 필요하다.

무음의 힘: 침묵이 주는 극적 효과

많은 창작자들이 간과하는 것이 바로 침묵의 힘이다. 쇼트폼 콘텐츠에서 모든 순간을 소리로 채워야 한다는 강박에 사로잡혀서는 안 된다. 때로는 갑작스러운 무음이 가장 강력한 음향 효과가 될 수 있다.

침묵은 강조의 도구다. 중요한 메시지 앞에 0.5초의 무음을 두면 시청자의 주의가 집중된다. 반전을 준비하는 순간에 음악을 멈추면 긴장감이 극대화된다. 감정적 절정에서 모든 소리를 멈추면 여운이 배가된다.

AI 도구들은 점점 더 정교해지고 있지만, 아직 침묵의 예술적 활용은 인간 창작자만이 할 수 있는 영역이다. 언제 소리를 넣고 언제 빼야 할지는 순전히 감각의 문제다. 이는 수많은 시행착오를 통해서만 체득할 수 있는 기술이다.

목소리의 마법: AI 음성 처리의 실용적 활용

쇼트폼 콘텐츠에서 음성의 명료도는 생명과도 같다. 시청자들은 대부분 이어폰 없이 모바일 기기의 작은 스피커로 콘텐츠를 소비한다. 이런 환경에서는 조금만 음성이 뭉개져도 메시지 전달에 실패한다.

AI 음성 처리 기술의 발전은 이 문제를 크게 개선했다. 자동 노이즈 제거, 음성 밸런싱, 명료도 향상 등의 기능들이 실시간으로 적용될 수 있다. 하지만 이러한 기술적 편의에만 의존해서는 안 된다. 무엇보다 중요한 것은 처음부터 좋은 음성을 녹음하는 것이다.

좋은 음성 녹음의 핵심은 환경이다. 완벽한 녹음실이 아니어도 괜찮다. 벽장 안이나 옷이 많이 걸린 방에서 녹음하는 것만으로도 음질이 크게 향상된다. AI 도구는 이런 기본적인 노력을 보완하는 역할이지, 대체하는 것이 아니다.

감정의 온도: 음향으로 만드는 분위기

음향은 콘텐츠의 감정적 온도를 조절하는 서모스탯(thermostat)과 같다. 같은 영상이라도 음향에 따라 완전히 다른 느낌을 줄 수 있다. 이는 쇼트폼에서 더욱 중요한데, 짧은 시간 안에 강렬한 감정적 임팩트를 만들어야 하기 때문이다.

따뜻한 음향은 친근감과 안정감을 준다. 어쿠스틱 기타, 부드러운 피아노, 자연음 등이 여기에 해당한다. 차가운 음향은 긴장감과 신비로움을 연출한다. 신시사이저, 전자음, 메탈릭한 사운드 등이 이 범주에 속한다. 중요한 것은 콘텐츠의 메시지와 음향의 온도가 일치해야 한다는 것이다.

AI 음향 분석 도구들은 음향의 감정적 특성을 수치화해 보여 준다. 하지만 수치가 모든 것을 말해 주지는 않는다. 창작자의 직관과 경험이 여전히 가장 중요한 판단 기준이다.

리듬의 비밀: 편집과 음악의 동조화

쇼트폼 편집에서 가장 중요한 것 중 하나는 영상의 컷과 음악의 비트를 일치시키는 것이다. 이를 '동조화'라고 하는데, 이것이 제대로 이뤄지면 시청자는 영상에 완전히 몰입하게 된다.

동조화의 핵심은 음악의 BPM(분당 비트 수)과 영상의 편집 리듬을 맞추는 것이다. 빠른 음악에는 빠른 컷을, 느린 음악에는 긴 컷을 사용하는 것이 기본이다. 하지만 때로는 의도적으로 이를 어기는 것도 효과적이다. 빠른 음악에 느린 편집을 하면 몽환적인 느낌을, 느린 음악에 빠른 편집을 하면 긴장감을 연출할 수 있다.

AI 편집 도구들은 음악의 비트를 자동으로 분석해 최적의 컷 포인트를 제안한다. 이는 편집 시간을 크게 단축해 주지만, 창작자의 의도를 완전히 대체할 수는 없다. 기계적인 동조화보다는 감정적 동조화가 더 중요하다.

브랜딩 사운드: 일관성 있는 음향 아이덴티티

성공하는 쇼트폼 창작자들은 대부분 고유한 음향 아이덴티티를 가지고 있다. 특정한 인트로 음악, 특별한 음향 효과, 독특한 목소리 톤 등이 그들만의 브랜드가 된다. 시청자들은 소리만 들어도 누구의 콘텐츠인지 알 수 있다.

음향 브랜딩은 장기적인 관점에서 접근해야 한다. 단발성 인기를 위해 트렌드만 좇다 보면 자신만의 색깔을 잃게 된다. 중요한 것은 트렌드와 개성 사이의 균형을 찾는 것이다. 트렌드를 활용하되 자신만의 방식으로 해석하고 변주하는 능력이 필요하다.

AI 도구들은 창작자의 과거 작품들을 분석해 일관된 음향 스타일을 제안할 수 있다. 하지만 브랜딩은 단순한 반복이 아니다. 일관성을 유지하면서도 지속적으로 진화해야 한다. 이는 AI가 할 수 없는, 오직 인간만이 할 수 있는 창작 행위다.

데이터 vs 직감: AI 분석의 올바른 활용법

AI 음향 분석 도구들은 엄청난 양의 데이터를 제공한다. 어떤 주파수가 가장 많이 사용되는지, 어떤 BPM이 가장 인기 있는지, 어떤 음향 패턴이 가장 많은 재생 수를 기록하는지 등등. 이런 데이터는 분명 유용하지만, 맹신해서는 안 된다.

데이터는 과거의 성공을 분석한 결과다. 하지만 창작은 미래를 향한 행위다. 과거의 패턴을 따라하는 것만으로는 진정한 혁신을 만들 수 없다. 데이터는 참고 자료로 활용하되, 최종 결정은 창작자의 직감에 맡겨야 한다.

또한 데이터는 평균값이다. 모든 상황에 적용할 수 있는 만능 공식은 존재하지 않는다. 창작자는 자신의 콘텐츠, 자신의 청중, 자신의 메시지에 가장 적합한 음향을 찾아야 한다. 이는 데이터로는 알 수 없는, 오직 경험과 직관으로만 판단할 수 있는 영역이다.

결국 AI와 인간 창작자의 관계는 경쟁이 아닌 협력이어야 한다. AI는 가능성을 확장해 주는 도구고, 인간은 그 가능성 중에서 최선을 선택하는 큐레이터다. 이 역할 분담이 명확할 때 진정으로 창의적인 음향 디자인이 가능해진다.

07
효율적인 AI 기반 편집

쇼트폼 콘텐츠의 성공은 빠른 템포와 정확한 편집에 달려 있다. 하지만 전통적인 편집 방식으로는 쇼트폼의 속도감을 따라가기 어렵다. AI 기반 편집 도구들이 등장하면서 편집자들은 기술적 작업에서 해방되어 창의적 결정에 집중할 수 있게 되었다. 자동 하이라이트 감지부터 AI 기반 컷 최적화, 그리고 즉석 색 보정까지, AI는 편집실의 풍경을 완전히 바꾸고 있다. AI가 어떻게 편집 프로세스를 혁신하고 있는지, 그리고 창작자들이 이러한 도구들을 어떻게 활용해 더 매력적인 쇼트폼 콘텐츠를 만들 수 있는지 살펴보자.

AI와 윤동주?

편집 패러다임의 근본적 변화

AI 기반 편집의 등장은 단순한 도구의 진화가 아니다. 편집에 대한 우리의 사고방식 자체를 바꾸고 있다. 과거에는 편집자가 수많은 클립을 일일이 검토하고, 프레임 단위로 컷을 조정하며, 색감을 하나하나 맞춰 가는 것이 일반적이었다. 하지만 AI는 이러한 반복적이고 시간 소모적인 작업들을 자동화함으로써 편집자가 진정으로 중요한 창의적 결정에 집중할 수 있게 해 준다.

특히 쇼트폼 콘텐츠에서는 이러한 변화가 더욱 중요하다. 15초에서 60초 사이의 짧은 영상에서 모든 프레임이 의미를 가져야 하고, 시청자의 주의를 잃지 않도록 완벽한 리듬감을 유지해야 한다. 이는 인간 편집자에게는 극도로 정밀하고 피로한 작업이지만, AI에게는 패턴 인식과 최적화의 문제일 뿐이다.

AI 편집의 가장 큰 인사이트는 '속도와 정확성의 동시 달성'이다. 과거에는 빠른 편집과 정교한 편집 사이에서 선택해야 했다면, 이제는 둘 다 가질 수 있게 되었다. 이는 콘텐츠 창작자들에게 더 많은 실험의 기회를 제공하고, 결과적으로 더 다양하고 창의적인 쇼트폼 콘텐츠의 탄생을 가능하게 한다.

자동 하이라이트 감지의 혁신적 접근

자동 하이라이트 감지는 AI 편집의 핵심 기능 중 하나다. 이 기술은 단순히 움직임이 많은 장면이나 소리가 큰 부분을 찾아내는 것을 넘어, 감정적 강도, 시각적 매력도, 스토리텔링 관점에서 중요한 순간들을 식별한다.

AI가 하이라이트를 감지하는 방식은 인간의 직관과 놀랍도록 유사하다. 얼굴 표정의 변화, 제스처의 강도, 음성의 톤 변화, 화면 내 움직임의 패턴을 종합적으로 분석해 시청자가 가장 관심을 가질 만한 순간들을 찾아낸다. 예를 들어, 요리 영상에서는 재료가 팬에 닿는 순간의 지글거리는 소리와 시각적 변화를, 댄스 영상에서는 비트와 동작이 완벽하게 일치하는 순간을, 토크 콘텐츠에서는 화자의 표정과 제스처가 가장 생동감 있는 부분을 정확히 포착한다.

이러한 자동 하이라이트 감지의 진정한 가치는 '발견의 즐거움'에 있다. 창작자 자신도 미처 인식하지 못했던 매력적인 순간들을 AI가 찾아내어 제시함으로써, 예상치 못한 창작적 영감을 제공한다. 특히 라이브 스트리밍이나 긴 형태의 콘텐츠에서 쇼트폼을 추출할 때, AI는 인간이 놓칠 수 있는 미묘하지만 중요한 순간들을 놓치지 않는다.

AI 기반 컷 최적화의 실제

컷 편집은 영상의 리듬감과 몰입도를 결정하는 핵심 요소다. AI 기반 컷 최적화는 이러한 편집의 예술적 측면을 과학적 접근법으로 보완한다. AI는 인간의 시각적 주의력 패턴, 인지 부하, 감정 반응을 분석해 최적의 컷 타이밍을 제안한다.

쇼트폼 콘텐츠에서 컷의 타이밍은 특히 중요하다. 너무 빠른 컷은 시청자를 혼란스럽게 하고, 너무 느린 컷은 지루함을 유발한다. AI는 콘텐츠의 성격, 대상 시청자의 특성, 플랫폼의 특성을 고려해 최적의 컷 리듬을 찾아낸다. 예를 들어, 틱톡용 콘텐츠는 인스타그램 릴스보다 더 빠른 컷 리듬을 선호하며, 연령대가 낮은 시청자일수록 더 역동적인 편집을 기대한다.

AI 컷 최적화의 놀라운 점은 '맥락적 이해'다. 단순히 정해진 간격으로 컷을 넣는 것이 아니라, 내용의 흐름과 감정의 변화에 맞춰 컷의 강도와 스타일을 조절한다. 긴장감이 고조되는 순간에는 빠른 컷으로 에너지를 높이고, 감동적인 순간에는 긴 컷으로 여운을 남기는 식이다. 이러한 지능적 편집은 시청자의 감정 몰입도를 크게 향상한다.

색 보정과 시각효과의 자동화 혁명

색 보정은 영상의 분위기와 품질을 결정하는 중요한 요소지만, 전문적인 지식과 많은 시간을 요구하는 작업이었다. AI 기반 자동 색 보정은 이러한 진입 장벽을 크게 낮췄다. AI는 장면의 내용, 조명 조건, 원하는 무드를 분석해 최적의 색감을 자동으로 적용한다.

특히 쇼트폼 콘텐츠에서는 일관된 시각적 스타일이 브랜드 아이덴티티 구축에 중요하다. AI는 창작자의 이전 작품들을 학습해 고유한 색감 스타일을 파악하고, 새로운 콘텐츠에도 일관되게 적용한다. 이를 통해 시청자들은 섬네일만 봐도 어떤 창작자의 콘텐츠인지 즉시 알 수 있게 된다.

AI 색 보정의 진정한 혁신은 '상황 인식 능력'에 있다. 실내와 실외, 낮과 밤, 그리고 계절감까지 고려해 가장 자연스럽고 매력적인 색감을 제공한다. 더 나아가 콘텐츠의 장르와 무드에 맞는 색감 팔레트를 제안해, 코미디 콘텐츠에는 밝고 생동감 있는 색감을, 감성적인 콘텐츠에는 따뜻하고 부드러운 색감을 자동으로 적용한다.

실전에서 활용할 수 있는 AI 편집 도구들

현재 시장에서 활용할 수 있는 대표적인 AI 편집 도구로는 어도비 프리미어 프로(Adobe Premiere Pro)의 오토 리프레임(Auto Reframe) 기능이 있다. 이 기능은 가로형 영상을 세로형 쇼트폼에 최적화된 형태로 자동 변환해 주며, 피사체를 추적해 항상 화면 중앙에 위치하도록 조정한다.

다빈치 리졸브(DaVinci Resolve)의 AI 기능들도 주목할 만하다. 매직 마스크(Magic Mask) 기능은 복잡한 로토스코핑 작업을 자동화하고, 스마트 리프레임(Smart Reframe)은 다양한 화면 비율에 맞춰 영상을 지능적으로 재구성한다. 또한 AI 기반 노이즈 제거와 색 보정 기능이 내장되어 있어 전문가 수준의 결과물을 빠르게 얻을 수 있다.

런웨이 ML(Runway ML)은 AI 비디오 편집에 특화된 플랫폼으로, 배경 제거, 객체 추적, 스타일 전환 등의 고급 기능을 웹 브라우저에서 쉽게 사용할 수 있게 해 준다. 특히 그린 스크린이 없어도 완벽한 배경 분리가 가능한 기능은 쇼트폼 콘텐츠 제작자들에게 매우 유용하다.

원더셰어 필모라(Wondershare Filmora)의 AI 포트레이트(AI Portrait) 기능은 인물의 배경을 자동으로 인식하고 제거해 다양한 배경으로 합성할 수 있게 해 준다. 또한 AI 오디오 디노이즈(AI Audio Denoise) 기능은 배경 소음을 자동으로 제거해 깔끔한 음질을 제공한다.

효율성과 창의성의 미묘한 균형

AI 편집 도구의 가장 큰 장점은 효율성이지만, 동시에 창의성을 해치지 않는 것이 중요하다. AI는 반복적이고 기술적인 작업을 자동화함으로써 편집자가 더 창의적인 결정에 집중할 수 있게 해 준다. 하지만 모든 것을 AI에 맡기는 것은 개성과 독창성을 잃을 위험이 있다.

성공적인 AI 편집의 핵심은 '협업'이다. AI가 제안하는 편집을 맹목적으로 수용하는 것이 아니라, 창작자의 의도와 비전에 맞게 조정하고 개선하는 과정이 필요하다. AI는 출발점을 제공하고, 인간은 그것을 자신만의 스타일로 발전시키는 것이다.

특히 쇼트폼 콘텐츠에서는 개성이 성공의 핵심이다. AI 도구를 사용하더라도 창작자만의 독특한 시각과 감성이 담겨야 시청자들의 기억에 남을 수 있다. 따라서 AI는 창의성을 대체하는 것이 아니라 증폭하는 역할을 해야 한다.

워크플로 최적화 전략

AI 기반 편집을 효과적으로 활용하기 위해서는 체계적

인 워크플로 구축이 필요하다. 먼저 촬영 단계에서부터 AI 편집을 고려한 계획을 세우는 것이 중요하다. 충분한 여분 푸티지(footage) 확보, 일관된 조명 조건 유지, 명확한 오디오 녹음 등이 AI 편집의 효과를 극대화한다.

편집 과정에서는 AI의 자동화 기능과 수동 조정의 균형을 잘 맞춰야 한다. 초기 러프컷은 AI에게 맡기고, 세부적인 조정과 창의적 터치는 직접 추가하는 방식이 효과적이다. 이렇게 하면 시간을 절약하면서도 개성을 잃지 않을 수 있다.

또한 AI 도구의 학습 기능을 적극 활용해야 한다. 자신의 편집 스타일을 AI에게 학습시키면 점점 더 개인화된 결과물을 얻을 수 있다. 이는 시간이 지날수록 더욱 정교하고 효율적인 편집을 가능하게 한다.

플랫폼별 최적화 자동화

각 소셜 미디어 플랫폼은 고유한 특성과 요구 사항을 가지고 있다. AI 편집 도구는 이러한 플랫폼별 특성을 학습해 최적화된 편집을 자동으로 제공한다. 틱톡은 빠른 템포와 세로형 화면에 최적화된 편집을, 인스타그램 릴스는 시각적 완성도에 중점을 둔 편집을, 유튜브 쇼츠는 스토리텔링 요소를 강화한 편집을 제안한다.

이러한 플랫폼별 최적화는 단순히 화면 비율 조정을 넘어 콘텐츠의 구성과 리듬까지 고려한다. 예를 들어, 틱톡 알고리즘은 초반 3초의 몰입도를 중요하게 평가하므로, AI는 이 구간에 가장 매력적인 하이라이트를 배치하는 편집을 제안한다.

미래 전망과 지속적 학습

AI 편집 기술은 계속해서 발전하고 있다. 현재는 주로 기술적 작업의 자동화에 초점을 맞추고 있지만, 향후에는 더욱 창의적이고 지능적인 편집 제안이 가능해질 것이다. 감정 인식 기술과 결합해 시청자의 반응을 예측하고 최적화하는 편집, 그리고 실시간 트렌드 분석을 통한 바이럴 요소 자동 삽입 등이 가능해질 전망이다.

창작자들은 이러한 기술 발전에 발맞춰 지속적으로 학습하고 적응해야 한다. AI 도구의 새로운 기능들을 적극적으로 탐험하고, 자신만의 활용법을 개발하는 것이 경쟁력 유지의 핵심이다. 동시에 기술에만 의존하지 않고 인간적 감성과 창의성을 유지하는 것도 중요하다.

AI 기반 편집의 미래는 기술과 예술의 완벽한 융합에 있다. 기계의 정확성과 인간의 창의성이 조화를 이룰 때, 우리는 지금까지 상상하지 못했던 수준의 쇼트폼 콘텐츠를 만들어 낼 수 있을 것이다.

08
AI를 활용한 트렌드 분석과 콘텐츠 최적화

쇼트폼 콘텐츠의 세계에서 성공은 타이밍과 트렌드 파악이 결정한다. 하루에도 수십 개의 새로운 유행이 생겨나고 사라지는 디지털 생태계에서, 인간의 직감만으로는 한계가 있다. AI는 이러한 복잡한 데이터의 바다에서 의미 있는 패턴을 찾아내고, 다음에 올 파도를 예측할 수 있게 해 준다. AI를 활용해 트렌드를 읽고, 콘텐츠를 최적화하며, 플랫폼 알고리즘과 협력하는 구체적인 실행 방법을 제시한다.

AI와 한의학?

기본 분석 환경 구축의 첫걸음

쇼트폼 콘텐츠 최적화를 위한 여정은 올바른 도구 선택에서 시작된다. 무료 도구들만으로도 충분히 의미 있는 분석이 가능하다. 구글 애널리틱스(Google Analytics)는 웹사이트로의 트래픽 유입을 추적할 수 있게 해 주고, 각 플랫폼이 자체적으로 제공하는 분석 도구들은 가장 정확한 데이터를 제공한다. 틱톡 크리에이터 센터, 인스타그램 인사이트, 유튜브 스튜디오 애널리틱스는 모든 창작자가 반드시 활용해야 할 기본 도구들이다. 구글 트렌드(Google Trends)는 검색 트렌드를 파악해 앞으로 어떤 주제가 인기를 끌 것인지 예측하는 데 도움을 준다.

더 전문적인 분석을 원한다면 유료 도구들을 고려해 볼 수 있다. 비드아이큐(VidIQ)는 유튜브 쇼츠의 키워드 분석에 특화되어 있고, 레이터 인플루언스(Later Influence)는 인스타그램의 해시태그 최적화에 강점이 있다. 소셜 블레이드(Social Blade)는 경쟁자들의 성장률을 분석하는 데 유용하다. 이러한 도구들은 대부분 월 20~50달러 정도의 비용으로 이용할 수 있어 개인 창작자들도 부담 없이 시작할 수 있다.

데이터 수집은 루틴화되어야 한다. 매일 어제 업로드한 콘텐츠의 24시간 성과를 확인하고, 주요 해시태그의 트렌드 변화를 살펴보며, 주요 경쟁자들의 신규 콘텐츠를 모니터링하는 습관을 만들어야 한다. 주간 단위로는 지난 주 전체 콘텐츠의 성과를 리뷰하고, 팔로워(follower) 증감률과 참여율의 변화를 분석하며, 플랫폼별 성과를 비교 검토한다. 월간 단위로는 목표 대비 성과를 평가하고, 콘텐츠 카테고리별 성과를 분석해 다음 달의 콘텐츠 계획을 수립한다.

플랫폼별 최적화 전략의 실제 적용

틱톡에서 성공하기 위해서는 완주율에 집중해야 한다. 업로드 전에 완주율을 높일 수 있는 강력한 훅을 첫 3초 내에 준비해야 하고, 현재 트렌딩하고 있는 사운드 중 하나를 선택해야 한다. 해시태그는 대형, 중형, 소형 해시태그를 적절히 조합해 사용하는 것이 효과적이다. 개인별 분석 데이터를 바탕으로 한 최적 업로드 시간대도 미리 파악해 두어야 한다.

업로드 후 초기 관리는 특히 중요하다. 업로드 5분 후 첫 반응을 확인하고, 댓글에 즉시 응답해 초기 참여율을 높여야 한다. 다른 소셜 미디어에서 크로스 프로모션을 진행하고, 1시간 후에는 조회 수와 '좋아요'의 비율을 체크한다. 건강한 비율이 유지되고 있는지 확인하는 것이 중요하다.

인스타그램 릴스에서는 섬네일 최적화가 핵심이다. 캔바(Canva) 같은 도구를 활용해 여러 버전의 섬네일을 제작한 후, 스토리를 통해 A/B 테스트를 진행할 수 있다. 캡션은 첫 줄에 핵심 메시지를 담고, 3~5개의 질문을 통해 참여를 유도하는 것이 효과적이다. 해시태그 전략에서는 다양한 규모의 해시태그를 조합해 사용하되, 너무 경쟁이 치열한 대형 해시태그보다는 도달 가능성이 높은 중소형 해시태그에 더 많은 비중을 두는 것이 현명하다.

업로드 타이밍도 중요한 요소다. 일반적으로는 평일 오후와 저녁 시간대가 효과적이라고 알려져 있지만, 개인의 팔로워들이 가장 활발한 시간대는 인사이트를 통해 직접 확인할 수 있다. 같은 니치의 대형 계정들이 업로드하는 시간을 피해 경쟁을 줄이는 것도 좋은 전략이다.

유튜브 쇼츠에서는 제목 최적화가 성공의 열쇠다. 감정을 자극하는 키워드를 포함하고, 구체적인 숫자를 활용하며, 명확한 타깃을 명시하고, 호기심을 자극하는 요소를 넣는 것이 효과적이다. 섬네일은 스마트폰에서도 글씨가 선명하게 보여야 하고, 얼굴 표정이 감정을 명확히 전달해야 하며, 너무 많은 색상을 사용하지 않는 것이 좋다. 텍스트는 화면의 적절한 비율을 차지하도록 조절해야 한다.

AI 도구를 활용한 실전 트렌드 분석

챗GPT 같은 AI 도구는 콘텐츠 아이디어 발굴에 매우 유용하다. 효과적인 프롬프트를 작성할 때는 자신의 니치를 명확히 하고, 구체적인 기간을 설정하며, 원하는 결과물의 형태를 상세히 기술해야 한다. 예를 들어 "요리 분야에서 지난 한 달간 인기를 끈 콘텐츠 유형을 분석해서, 다음 주에 제작할 수 있는 다섯 가지 콘텐츠 아이디어를 제안해 달라. 각 아이디어마다 예상 타깃 오디언스와 핵심 메시지를 포함해 달라" 같은 방식으로 요청할 수 있다.

트렌드 예측을 위한 프롬프트도 구체적으로 작성해야 한다. 현재 상승세인 해시태그들을 나열하고, 이 트렌드가 자신의 분야와 어떻게 연결될 수 있는지 실행 가능한 방법들을 제안해 달라고 요청하는 것이 효과적이다.

구글 트렌드는 검색어 분석을 통해 미래의 트렌드를 예측하는 데 도움을 준다. 먼저 자신의 주요 니치 키워드를 입력하고, 관련 검색어 중에서 상승세를 보이는 것들을 선별한다. 지역별 인기도를 비교해 타깃 지역에서의 관심도를 확인하고, 시즌별 패턴을 파악해 언제 해당 키워드가 급상승하는지 분석한다. 예를 들어 "홈 트레이닝"은 신년 결심을 세우는 1월, 여름을 준비하는 5월, 운동회 시즌인 9월에 검색량이 급증하는 패턴을 보인다.

경쟁자 분석은 체계적으로 접근해야 한다. 주요 경쟁자들의 신규 콘텐츠 수, 평균 조회 수, 인기 콘텐츠의 주제, 사용하는 해시태그 등을 정기적으로 모니터링한다. 이러한 분석을 통해 즉시 적용 가능한 요소들을 다음 콘텐츠에 바로 반영하고, 중장기적으로 벤치마킹할 요소들을 스타일 개발에 참고하며, 경쟁자가 다루지 않는 영역을 발굴해 차별화 포인트로 활용할 수 있다.

데이터 기반 콘텐츠 최적화의 실행

A/B 테스트는 가설을 검증하는 가장 확실한 방법이다. 섬네일 A/B 테스트를 진행할 때는 동일한 콘텐츠에 다른 섬네일을 적용해 서로 다른 시간에 업로드한 후, 24시간 후 클릭률과 완주율을 비교한다. 어떤 요소가 더 효과적이었는지 분석해 다음 콘텐츠에 적용할 수 있는 패턴을 찾아낸다.

제목 최적화도 체계적으로 테스트할 수 있다. 같은 내

용을 다른 방식으로 표현한 제목들을 비교해 어떤 스타일이 더 높은 클릭률과 평균 시청 시간, '좋아요' 비율을 기록하는지 확인한다.

실시간 성과 모니터링은 콘텐츠의 성공 가능성을 조기에 파악하는 데 중요하다. 업로드 후 30분 후에는 초기 조회 수를 확인하고, 2시간 후에는 댓글과 공유 수를 점검한다. 6시간 후에는 다른 콘텐츠 대비 성과를 비교하고, 24시간 후에는 최종적인 1차 성과를 평가한다. 조회 수가 저조하다면 해시태그를 추가하거나 다른 커뮤니티에 공유하고, 완주율이 낮다면 다음 콘텐츠에서 오프닝 전략을 변경하며, 참여율이 낮다면 더 직접적인 질문이나 행동 유도 문구를 추가하는 등의 개선 조치를 취할 수 있다.

해시태그 최적화에는 전문 도구들을 활용할 수 있다. 해시태기파이(Hashtagify)는 관련 해시태그의 네트워크를 분석해 주고, 올 해시태그(All Hashtag)는 해시태그 조합을 생성해 주며, 라이트태그(RiteTag)는 실시간 해시태그 인기도를 측정해 준다. 효과적인 해시태그 조합은 대형, 중형, 소형 해시태그를 적절히 섞어서 구성하되, 자신만의 브랜드 해시태그도 포함하는 것이 좋다.

플랫폼 알고리즘과의 효과적인 소통

틱톡 알고리즘은 완주율을 가장 중요하게 평가한다. 완주율을 높이기 위해서는 첫 3초에 결과나 핵심 내용을 미리 보여 주는 것이 효과적이다. 루프 비디오처럼 끝과 시작이 자연스럽게 연결되도록 편집하거나, 진행 상황을 알려 주는 표현을 사용해 시청자가 끝까지 볼 동기를 제공한다. "그런데 이게 끝이 아니에요" 같은 호기심을 유발하는 표현도 효과적이다.

참여율을 높이기 위해서는 댓글을 유도하는 질문을 던지거나, 적절한 수준의 논란 요소를 포함해 의견이 갈릴 수 있는 주제를 제시한다. 듀엣이나 스티치를 유도하는 콘텐츠도 플랫폼 알고리즘에 긍정적인 신호를 보낸다.

인스타그램 알고리즘은 저장율과 공유율을 중시한다. 저장률을 높이기 위해서는 나중에 참고할 만한 인포그래픽, 실용적인 체크리스트, 따라할 수 있는 템플릿, 재현 가능한 레시피나 공식 등을 제작하는 것이 효과적이다. 공유율을 증가시키기 위해서는 감동적인 스토리, 친구에게 알려 주고 싶은 유용한 팁, 웃음을 주는 재미있는 콘텐츠, 시의적절한 이슈 등을 다루는 것이 좋다.

유튜브 쇼츠에서는 구독 전환율이 중요한 지표다. 구

독 전환율을 높이기 위해서는 채널의 정체성을 명확히 하고, 시청자들이 "이런 콘텐츠를 계속 볼 수 있구나"라는 기대를 갖게 해야 한다. 콘텐츠를 시리즈화해 연속성을 만들고, 기억에 남는 개성 있는 캐릭터나 스타일을 개발하며, 보는 것만으로도 도움이 되는 가치 있는 콘텐츠를 제공해야 한다.

성과 측정과 지속적 개선의 체계화

각 플랫폼마다 중요하게 봐야 할 지표가 다르다. 틱톡에서는 완주율이 가장 중요하고, 그다음으로 좋아요율, 댓글율, 공유율 순으로 우선순위를 둔다. 인스타그램에서는 저장률과 공유율이 가장 중요하며, 도달률과 프로필 방문율도 중요한 지표다. 유튜브에서는 평균 시청 시간과 클릭률, 구독 전환율이 핵심 지표가 된다.

월별 목표는 현실적이면서도 도전적으로 설정해야 한다. 예를 들어 완주율 개선에 집중하거나, 팔로워 증가율 목표를 설정하거나, 콘텐츠당 평균 참여율 향상을 목표로 할 수 있다.

성과 분석은 정기적이고 체계적으로 진행되어야 한다. 주간 성과 리포트에는 이번 주의 하이라이트, 최고 성과를 기록한 콘텐츠와 그 이유, 새롭게 시도한 것들,

주요 학습 포인트 등을 포함한다. 수치적 분석으로는 총 업로드 수, 평균 조회 수, 평균 참여율, 팔로워 증감 등을 기록한다. 다음 주 계획에는 적용할 개선 사항, 시도할 새로운 요소, 달성하고 싶은 목표 지표 등을 구체적으로 명시한다.

장기 성장 전략은 분기별로 검토해야 한다. 3개월간의 데이터를 종합적으로 분석해 어떤 콘텐츠가 지속적으로 좋은 성과를 보였는지 파악하고, 시장과 플랫폼의 변화 방향을 분석하며, 경쟁 환경의 변화를 점검한다. 이를 바탕으로 다음 분기의 현실적이면서도 도전적인 목표를 설정한다.

연간 성장 로드맵은 단계적으로 구성하는 것이 효과적이다. 첫 분기에는 일정한 업로드와 기본 품질 확보에 집중해 기반을 다지고, 두 번째 분기에는 자신만의 색깔과 스타일을 확립한다. 세 번째 분기에는 더 많은 플랫폼과 다양한 형식으로 규모를 확장하고, 마지막 분기에는 브랜드 협업이나 상품 론칭 등을 통한 수익화를 준비한다.

이러한 체계적이고 실용적인 접근을 통해 AI를 활용한 트렌드 분석과 콘텐츠 최적화를 단계별로 실행할 수 있다. 중요한 것은 완벽한 시작이 아니라 지속적인 개선이다. 작은 것부터 시작해서 데이터를 축적하고, 그 데이터를 바탕으로 점진적으로 발전해 나가는 것이 성공의 열쇠다. AI 도구들은 강력한 지원을 제공하지만, 결국 그 도구들을 어떻게 활용하느냐는 창작자의 지혜와 끈기에 달려 있다.

09
AI와 인간 창의성의 균형 찾기

AI가 쇼트폼 제작의 게임 체인저가 된 지금, 우리는 중요한 기로에 서 있다. 효율성을 추구하다 보면 인간 고유의 창의성을 잃을 위험이 있고, 전통적 방식만 고집하면 급변하는 플랫폼 환경에서 뒤처질 수 있다. 진정한 성공은 AI의 강력함과 인간의 독창성이 조화를 이루는 지점에서 탄생한다. 쇼트폼 창작자로서 어떻게 기술의 도움을 받으면서도 자신만의 색깔을 잃지 않을 수 있는지, 그 균형점을 찾는 실질적인 방법들을 탐구해 보겠다.

AI와 화장품?

AI 의존의 함정과 창의성 고갈

편의성의 역설

AI 도구들이 제공하는 편의성은 분명 매혹적이다. 클릭 몇 번으로 완성도 높은 영상을 만들어 낼 수 있고, 복잡한 편집 과정을 자동화할 수 있다. 하지만 이런 편의성에 지나치게 의존하다 보면, 창작자로서의 본질적인 능력이 퇴화될 위험이 있다.

필자가 직접 경험한 사례를 들어 보자. 초기에 AI 편집 도구를 사용하기 시작했을 때, 놀라운 효율성에 감탄하며 모든 작업을 AI에 맡기곤 했다. 그런데 몇 달 후 깨달은 것은, 내가 만드는 콘텐츠들이 점점 비슷해지고 있다는 사실이었다. AI가 제안하는 편집 패턴, 색 보정, 심지어 스토리 구조까지도 어느새 획일화되어 가고 있었다.

이는 AI가 기존 데이터를 학습해서 '평균적으로 성공한' 결과물을 생성하기 때문이다. 결국 AI만을 의존한 콘텐츠는 안전하지만 평범해질 수밖에 없다. 쇼트폼 플랫폼에서 수백만 개의 콘텐츠 중에서 눈에 띄려면, 바로 이 '평균'에서 벗어나야 한다는 역설이 여기에 있다.

창작 근육의 위축

더 심각한 문제는 창작 근육의 위축이다. AI가 아이디어를 제안하고, 구성을 짜주고, 편집까지 해 주다 보면, 창작자는 점점 '선택자'의 역할로 축소된다. 물론 좋은 선택을 하는 것도 중요한 능력이지만, 무에서 유를 창조하는 근본적인 창작력은 사용하지 않으면 약해진다.

특히 쇼트폼 콘텐츠는 짧은 시간 안에 강렬한 인상을 남겨야 하기 때문에, 창작자의 직관과 감각이 더욱 중요하다. 첫 3초에 시청자를 사로잡는 순간의 감각, 15초 안에 감정의 기복을 만들어 내는 리듬감, 마지막 순간에 여운을 남기는 절묘함, 이런 것들은 AI가 아무리 발전해도 창작자의 내재된 감성과 경험에서 나온다.

인간만이 가진 창작의 영역

개인적 경험의 고유성

AI는 방대한 데이터를 학습할 수 있지만, 개인의 고유한 경험과 감정을 진정으로 이해하거나 재현할 수는 없다. 창작자 개인의 삶에서 우러나온 이야기, 특별한 관점, 독특한 유머 감각, 이런 것들이야말로 쇼트폼 콘텐츠에서 차별화의 핵심이다.

예를 들어, 어린 시절의 특별한 기억에서 영감을 얻은 스토리텔링이나, 자신만의 독특한 문화적 배경에서 나온 콘텐츠는 AI가 모방할 수 없는 진정성을 가진다. 이런 개인적 서사가 쇼트폼의 짧은 시간 안에 압축되어 표현될 때, 시청자들은 다른 곳에서는 볼 수 없는 신선함을 느끼게 된다.

문맥과 타이밍의 예술

쇼트폼 콘텐츠에서 성공의 핵심 중 하나는 타이밍이다. 같은 콘텐츠라도 언제, 어떤 맥락에서 발표하느냐에 따라 반응이 천차만별이다. 이런 타이밍 감각은 창작자가 사회의 흐름을 읽고, 사람들의 심리를 파악하며, 순간의 기회를 포착하는 능력에서 나온다.

AI는 과거 데이터를 기반으로 예측할 수는 있지만, 지금 이 순간의 미묘한 사회적 분위기나 예상치 못한 이슈의 등장에 즉각적으로 반응하는 것은 인간 창작자의 몫이다. 바이럴 콘텐츠의 상당수가 예상치 못한 시점에서 터지는 이유도 여기에 있다.

감정의 진정성

쇼트폼 콘텐츠에서 가장 중요한 것 중 하나는 감정의 진정성이다. 시청자들은 진짜와 가짜를 구별하는 데 놀라울 정도로 예민하다. AI가 만들어 낸 완벽하지만 차가운 콘텐츠보다는, 약간의 흠이 있더라도 창작자의 진짜 감정이 담긴 콘텐츠에 더 강하게 반응한다.

웃음, 슬픔, 분노, 기쁨, 이런 감정들이 창작자의 실제 경험과 연결되어 표현될 때, 화면 너머의 시청자들도 그 감정을 함께 느끼게 된다. 이는 단순히 감정을 표현하는 기술의 문제가 아니라, 진정성의 문제다.

쇼트폼에서의 균형점 찾기

효율성과 창의성의 조화

그렇다면 어떻게 AI의 효율성을 활용하면서도 인간의 창의성을 유지할 수 있을까? 핵심은 역할 분담에 있다. AI는 반복적이고 기술적인 작업을 담당하게 하고, 인간은 창의적 결정과 감성적 표현에 집중하는 것이다.

예를 들어, 영상의 기본적인 편집과 색 보정은 AI에게 맡기되, 스토리의 구성과 감정의 흐름은 창작자가 직접 설계한다. 자막 생성과 섬네일 최적화는 AI를 활용하되, 콘텐츠의 핵심 메시지와 톤앤매너는 창작자가 정의한다.

실험과 학습의 순환

AI 도구를 창작의 파트너로 활용하는 가장 효과적인 방법은 실험과 학습의 순환 구조를 만드는 것이다. AI가 제안한 결과물을 그대로 사용하는 것이 아니라, 그것을 바탕으로 더 나은 아이디어를 발전시키는 출발점으로 삼는다.

AI가 생성한 초안을 보며 "이건 좋은데 저건 아니야"라고 판단하고, 그 이유를 분석해 보는 과정에서 창작자의 안목이 더욱 정교해진다. 또한 AI의 제안을 의도적으로 비틀거나 예상과 다른 방향으로 발전시키면서, 예측 불가능한 창의적 결과를 얻을 수 있다.

제한된 활용 전략

모든 작업에 AI를 사용하기보다는, 의도적으로 제한된 영역에서만 활용하는 것도 좋은 전략이다. 예를 들어, 스토리보드 작성과 초기 편집은 직접 하되, 최종 단계의 세부 조정만 AI의 도움을 받는 식이다.

이런 제한된 활용은 창작자로 하여금 기본기를 유지하게 하면서도, 필요한 부분에서는 AI의 강력함을 활용할 수 있게 한다. 특히 쇼트폼 콘텐츠는 짧은 시간에 많은 것을 담아야 하므로, 핵심적인 부분은 창작자가 직접

컨트롤하고 부수적인 부분만 AI에게 맡기는 것이 효과적이다.

AI 편집 도구와의 현명한 동행

어도비 프리미어 프로의 AI 기능 활용

어도비 프리미어 프로(Adobe Premiere Pro)는 AI 기반 기능들을 점진적으로 도입하고 있다. 오토 리프레임(Auto Reframe) 기능은 영상의 가로세로비를 자동으로 조정해 주어 플랫폼별 최적화에 유용하다. 하지만 이 기능을 사용할 때도 창작자의 의도를 명확히 하는 것이 중요하다. 단순히 자동 크롭에 의존하기보다는, 어떤 부분에 포커스를 맞출지 미리 계획하고 AI의 결과를 가이드라인으로 활용한다.

스피치 투 텍스트(Speech to Text) 기능도 자막 작업의 효율성을 크게 높여 준다. 하지만 AI가 생성한 자막을 그대로 사용하지 말고, 창작자의 톤에 맞게 다듬는 작업이 필요하다. 특히 쇼트폼에서는 자막이 단순한 텍스트가 아니라 시각적 요소로 기능하므로, 폰트 선택과 타이밍 조정에 창작자의 감각이 들어가야 한다.

다빈치 리졸브의 AI 색 보정

다빈치 리졸브(DaVinci Resolve)의 AI 색 보정 기능은 강력하면서도 창작자의 개입 여지를 많이 남겨둔다. AI 매직 마스크(AI Magic Mask)는 복잡한 마스킹 작업을 자동화해 주지만, 최종적인 색감과 무드는 창작자가 결정한다.

쇼트폼 콘텐츠에서 색감은 브랜딩의 핵심 요소다. AI가 제안하는 '기술적으로 완벽한' 색 보정보다는, 창작자만의 시그니처 룩을 개발하는 것이 더 중요하다. AI 도구를 시작점으로 활용하되, 최종적으로는 자신만의 색감 철학을 구현해야 한다.

캡컷의 자동 편집 기능

캡컷(CapCut)의 자동 편집 기능은 특히 쇼트폼 제작자들에게 인기가 높다. 음악에 맞춰 자동으로 컷을 생성하고, 트렌드에 맞는 템플릿을 제공한다. 하지만 이런 기능들을 현명하게 활용하려면, 템플릿을 그대로 사용하지 말고 자신만의 변주를 가하는 것이 중요하다.

예를 들어, AI가 제안한 컷 타이밍을 기본으로 하되, 중요한 순간에는 의도적으로 박자를 어긋나게 해 시청자의 주의를 환기시킨다. 또는 템플릿의 일부분만 차용하고 나머지는 완전히 다른 스타일로 구성해 예측 불가능성을 만들어 낸다.

창작 정체성의 유지

자신만의 시그니처 개발

AI 시대에도 창작자로서의 정체성을 유지하려면, 자신만의 시그니처를 개발하고 지속적으로 발전시켜야 한다. 이는 단순히 기술적인 스타일을 넘어서, 세상을 바라보는 관점, 이야기를 전달하는 방식, 시청자와 소통하는 톤까지 포함한다.

쇼트폼 콘텐츠에서는 이런 시그니처가 더욱 중요하다. 짧은 시간 안에 창작자를 인식할 수 있는 고유한 요소가 있어야 한다. 이는 특정한 색감, 편집 리듬, 스토리텔링 구조, 또는 유머 코드일 수 있다. 중요한 것은 이런 요소들이 AI가 아닌 창작자의 내면에서 나와야 한다는 점이다.

실패를 통한 학습

AI는 실패를 최소화하는 방향으로 작동한다. 하지만 창작에서 실패는 때로 예상치 못한 발견의 원천이 된다. 의도하지 않은 실수나 예상과 다른 결과가 새로운 아이디어의 씨앗이 되기도 한다.

따라서 창작자는 의도적으로 실험적인 콘텐츠를 만들어 볼 필요가 있다. AI의 도움 없이 직접 시행착오를 겪으면서, 자신만의 창작 언어를 발견해 나가는 것이다. 쇼트폼이라는 형식 자체가 실험에 적합하므로, 부담 없이 다양한 시도를 해 볼 수 있다.

지속적인 자기 성찰

AI와 함께 작업하면서도 자신의 창작 과정을 지속적으로 성찰해야 한다. "이번 콘텐츠에서 진짜 내 아이디어는 무엇이었는가?", "AI의 도움 없이도 이런 결과를 만들어 낼 수 있었을까?", "내가 표현하고 싶었던 것이 제대로 전달되었는가?" 같은 질문들을 스스로에게 던져 봐야 한다.

이런 성찰 과정을 통해 AI와의 협업에서 자신의 역할을 명확히 하고, 창작자로서의 핵심 역량을 지속적으로 개발할 수 있다. 또한 언제 AI를 활용하고 언제 직접 작업할지에 대한 판단력도 기를 수 있다.

미래 지향적 창작 철학

기술과 인간성의 상호 보완

AI와 인간 창의성의 관계를 경쟁이 아닌 상호 보완의 관점에서 바라봐야 한다. AI는 인간의 창의성을 대체하는 것이 아니라, 창의적 아이디어를 더 효과적으로 구현할 수 있게 도와주는 도구다.

쇼트폼 콘텐츠 제작에서 이런 상호 보완 관계는 특히 유용하다. 창작자가 핵심 아이디어와 감정을 제공하고, AI가 기술적 완성도를 높여 주는 방식으로 협업할 때, 혼자서는 만들어 낼 수 없었던 수준의 콘텐츠를 창조할 수 있다.

학습하는 창작자

AI 기술은 계속 발전하고 있으므로, 창작자도 지속적으로 학습하고 적응해야 한다. 하지만 이때 기술 자체를 익히는 것보다는, 새로운 기술을 자신의 창작 철학에 어떻게 통합할지 고민하는 것이 더 중요하다.

새로운 AI 도구가 나왔을 때, "이걸 어떻게 사용하나?" 보다는 "이걸 통해 내가 표현하고 싶은 것을 더 잘 전달할 수 있을까?"라는 질문을 던져야 한다. 기술이 창작을 이끌어 가는 것이 아니라, 창작 의도가 기술 활용을 결정하는 것이다.

시청자와의 진정한 연결

결국 쇼트폼 콘텐츠의 궁극적인 목표는 시청자와의 진정한 연결이다. 아무리 AI가 발전해도, 인간과 인간 사이의 감정적 교감을 완전히 대체할 수는 없다. 따라서 창작자는 항상 시청자와의 진정한 소통을 염두에 두고 작업해야 한다.

AI는 효율성과 완성도를 높여 줄 수 있지만, 콘텐츠에 담긴 메시지와 감정의 진정성은 창작자의 몫이다. 시청자들이 진정으로 원하는 것은 완벽한 기술이 아니라, 공감할 수 있는 이야기와 감정이다.

AI와 인간 창의성의 균형을 찾는 것은 하루아침에 이뤄지는 일이 아니다. 지속적인 실험과 성찰을 통해, 각자의 창작 스타일과 철학에 맞는 최적의 균형점을 찾아가야 한다. 중요한 것은 기술의 발전에 휩쓸리지 않으면서도 그 혜택을 현명하게 활용하는 것이다. 쇼트폼이라는 새로운 매체에서 AI와 함께 만들어 가는 창작의 미래는, 결국 창작자 개인의 선택과 철학에 달려 있다.

10
미래를 위한 준비와 지속 가능한 성장

AI와 쇼트폼의 결합은 이제 선택이 아닌 필수가 되었다. 그러나 기술의 발전 속도만큼 중요한 것은 창작자로서의 지속 가능한 성장 전략이다. 변화하는 기술 환경에 적응하면서도 자신만의 고유한 창작 철학을 유지하는 것, 효율성을 추구하면서도 인간적 감성을 잃지 않는 것, 그리고 단기적 성과에 매몰되지 않고 장기적 관점에서 브랜드를 구축하는 것이 미래 창작자들의 핵심 과제다.

종교와 AI?

변화하는 창작 생태계의 흐름 읽기

창작 환경은 5년 전과 비교해도 완전히 다른 모습이다. 개인 창작자가 대기업 수준의 콘텐츠를 제작할 수 있게 되었고, AI 도구의 민주화로 진입 장벽이 현저히 낮아졌다. 하지만 이는 동시에 경쟁의 심화를 의미하기도 한다.

미래의 성공적인 창작자가 되기 위해서는 먼저 이러한 변화의 본질을 이해해야 한다. 기술 발전의 방향성을 예측하고, 새로운 플랫폼과 형식의 등장에 민감하게 반응하는 능력이 필요하다. 예를 들어, 메타버스나 증강현실(AR)/가상현실(VR) 환경에서의 쇼트폼 콘텐츠, 실시간 AI 상호작용을 통한 개인화된 콘텐츠 등은 이미 현실화되고 있는 트렌드다.

동시에 창작자는 자신만의 독특한 관점과 스타일을 발전시켜야 한다. AI가 제공하는 편의성과 효율성을 활용하되, 인간만이 가질 수 있는 경험과 감성, 창의적 직관을 잃지 않는 것이 중요하다. 기술은 도구일 뿐, 핵심은 여전히 사람의 마음을 움직이는 스토리와 메시지다.

지속 가능한 창작 환경 구축하기

많은 창작자들이 단기적 성과에 집중하다가 번아웃을

경험한다. 지속 가능한 성장을 위해서는 체계적인 접근이 필요하다.

첫째, 콘텐츠 제작 프로세스의 표준화가 중요하다. AI 도구를 활용한 효율적인 워크플로를 구축해 창작에 집중할 수 있는 환경을 만들어야 한다. 아이디어 발굴부터 최종 배포까지의 각 단계를 체계화하고, 반복 가능한 프로세스로 만드는 것이 핵심이다.

둘째, 다양한 수익 모델을 개발해야 한다. 플랫폼 의존적인 수익 구조에서 벗어나 교육, 컨설팅, 제품 판매, 라이선싱 등 다각화된 비즈니스 모델을 구축하는 것이 리스크 관리 측면에서 중요하다.

셋째, 지속적인 학습과 실험 정신을 유지해야 한다. AI 기술과 플랫폼의 변화 속도는 점점 빨라지고 있다. 새로운 도구와 기법을 적극적으로 실험하되, 자신의 브랜드와 일관성을 유지하는 균형감이 필요하다.

AI 편집 도구의 진화와 활용 전략

현재 사용할 수 있는 AI 편집 도구들은 이미 상당한 수준에 도달했다. 어도비 프리미어 프로(Adobe Premiere Pro)의 AI 기반 자동 편집 기능과 다빈치 리졸브(DaVinci Resolve)의 스마트 컷 기능, 런웨이 ML(Runway ML)의 생성형 AI 편집 도구는 창작자들의 작업 효율을 크게 향상하고 있다.

캡컷(CapCut)은 텍스트 수정을 통해 설명 동영상을 편집하고, AI가 타임라인을 알아서 조정해 주며, 동영상을 여러 언어로 번역하면서 말하는 사람의 입 모양까지 일치시켜 자연스러운 영상을 만든다.

브루(Vrew)는 문서 편집을 할 줄 아는 사람이라면 누구나 쉽게 영상 편집을 할 수 있도록 하며, 한 문장만 넣으면 AI가 대본부터 이미지, 음성까지 자동으로 영상을 만들어 준다. 픽토리(Pictory)의 강력한 AI 편집 도구를 사용하면 20분의 인터뷰에서 골든 너겟을 자동으로 추출하고 모든 소셜 미디어 앱에 맞게 즉시 준비할 수 있다.

이러한 도구들은 기술적 진입 장벽을 낮추고 있지만, 동시에 창작자들에게 새로운 도전 과제를 제시하고 있다. 도구의 편리함에 의존하지 않고 자신만의 창작 철학을 유지하는 것이 중요하다.

개인 브랜드 구축과 차별화 전략

AI 도구의 대중화로 기술적 진입 장벽이 낮아진 만큼, 개인 브랜드의 중요성은 더욱 커지고 있다. 동일한 AI 도구를 사용하더라도 결과물이 천차만별인 이유는 창작자의 개성과 브랜드 철학 때문이다.

강력한 개인 브랜드를 구축하기 위해서는 먼저 자신만의 독특한 관점을 발견하고 발전시켜야 한다. 이는 개인적 경험, 전문 지식, 문화적 배경 등에서 나올 수 있다. 중요한 것은 일관성과 진정성이다.

또한 오디언스와의 깊은 연결을 만들어 내는 것이 핵심이다. 단순히 콘텐츠를 소비하는 관계를 넘어, 공동체 의식을 느낄 수 있는 커뮤니티를 구축해야 한다. 이를 위해서는 정기적인 소통, 피드백 수용, 그리고 오디언스의 성장을 돕는 가치 제공이 필요하다.

크리에이터 이코노미의 진화 방향

크리에이터 이코노미는 단순한 콘텐츠 제작을 넘어 더욱 복합적인 생태계로 발전하고 있다. NFT(대체 불가능한 토큰), 메타버스, 웹3(Web3) 등 새로운 기술들이 창작자들에게 새로운 수익 기회를 제공하고 있다.

특히 AI와 블록체인 기술의 결합은 창작물의 저작권 보호와 수익 분배에 혁신적인 변화를 가져올 것으로 예상된다. 스마트 컨트랙트를 통한 자동 로열티 분배, AI 기반 저작권 침해 탐지 시스템 등이 이미 현실화되고 있다.

AI 협업 도구의 발전으로 창작자 간의 협업 방식도 변화하고 있다. 지리적 제약을 넘어 전 세계 창작자들과 실시간으로 협업할 수 있는 환경이 조성되고 있으며, 이는 더욱 다양하고 풍부한 콘텐츠 제작을 가능하게 한다.

윤리적 AI 활용과 책임감 있는 창작

AI 기술의 발전과 함께 윤리적 이슈들도 함께 대두되고 있다. 딥페이크 기술의 남용, AI 생성 콘텐츠의 투명성 문제, 저작권 침해 우려 등은 모든 창작자가 고려해야 할 중요한 사안이다.

책임감 있는 창작자가 되기 위해서는 먼저 AI 도구 사용에 대한 명확한 원칙을 수립해야 한다. AI 생성 콘텐츠의 표시, 원본 소스에 대한 존중, 기술 사용의 투명성 확보 등이 포함된다.

또한 창작 과정에서 발생할 수 있는 편향이나 차별적 요소를 방지하고, 다양성과 포용성을 고려한 콘텐츠 제작을 위해 노력해야 한다.

플랫폼 생태계의 변화와 대응 전략

쇼트폼 플랫폼들의 알고리즘과 정책은 지속적으로 변화

하고 있다. 틱톡의 알고리즘 업데이트, 인스타그램 릴스의 새로운 기능, 유튜브 쇼츠의 수익화 정책 변화 등은 창작자들의 전략에 직접적인 영향을 미친다.

성공적인 창작자가 되기 위해서는 이러한 변화에 민첩하게 대응하는 능력이 필요하다. 하나의 플랫폼에만 의존하지 않고 다양한 채널에 진출해 리스크를 분산하는 것이 중요하다. 동시에 각 플랫폼의 특성에 맞는 최적화된 콘텐츠를 제작하는 전략이 필요하다.

새롭게 등장하는 플랫폼들에 대한 관심도 필요하다. 초기 진입자로서의 이점을 활용할 수 있는 기회를 놓치지 않아야 한다. 다만, 모든 새로운 플랫폼에 무작정 뛰어들기보다는 자신의 타깃 오디언스와 브랜드 정체성에 맞는 플랫폼을 선별적으로 선택하는 지혜가 필요하다.

데이터 기반 의사결정과 분석의 중요성

미래의 성공적인 창작자는 직감과 창의성뿐만 아니라 데이터 기반의 의사 결정 능력을 갖춰야 한다. 시청률, 참여도, 댓글 분석, 시청자 유지율 등의 메트릭을 체계적으로 분석하고 이를 바탕으로 콘텐츠 전략을 조정하는 능력이 필수적이다.

AI 분석 도구들을 활용해 트렌드를 예측하고, 오디언

스의 선호도를 파악하며, 최적의 업로드 시간을 찾아내는 것이 경쟁력의 핵심이다. 하지만 데이터에만 의존하지 않고 인간적 직관과 창의성을 균형 있게 결합하는 것이 중요하다.

개인정보 보호와 데이터 윤리에 대한 이해도 필요하다. 오디언스의 데이터를 수집하고 활용할 때는 투명성과 동의 원칙을 준수해야 한다.

지속 가능한 수익 모델 구축

단순한 광고 수익에 의존하는 모델에서 벗어나 다각화된 수익 구조를 만드는 것이 중요하다. 교육 콘텐츠 판매, 개인 브랜드 상품, 컨설팅 서비스, 라이브 이벤트, 멤버십 서비스 등 다양한 수익원을 개발해야 한다.

특히 팬 베이스 경제(Fan Economy)의 성장에 주목해야 한다. 진정한 팬들은 단순히 콘텐츠를 소비하는 것을 넘어 창작자를 직접 후원하고 싶어 한다. 이러한 니즈를 충족시킬 수 있는 다양한 방법을 모색해야 한다.

구독 기반 서비스, 프리미엄 콘텐츠, 개인 맞춤형 서비스 등을 통해 충성도 높은 오디언스로부터 안정적인 수익을 확보하는 것이 지속 가능한 성장의 열쇠다.

창작자 커뮤니티와 네트워킹

혼자서 모든 것을 해결하려 하지 말고, 동료 창작자들과의 네트워킹과 협업을 통해 시너지를 만들어 내는 것이 중요하다. 서로 다른 전문성을 가진 창작자들이 협력하면 더욱 풍부하고 다양한 콘텐츠를 만들어 낼 수 있다.

멘토링 관계도 중요하다. 경험이 많은 선배 창작자들로부터 배우고, 동시에 신입 창작자들을 도우며 생태계 전체의 발전에 기여하는 것이 바람직하다.

온라인과 오프라인을 아우르는 창작자 커뮤니티에 적극적으로 참여해 정보를 공유하고, 새로운 기회를 발견하며, 어려움을 함께 극복해 나가는 것이 필요하다.

정신적 건강과 웰빙 관리

창작 활동의 지속 가능성을 위해서는 정신적 건강과 웰빙 관리가 매우 중요하다. 콘텐츠 제작 압박, 알고리즘 변화에 대한 스트레스, 온라인 비판에 대한 노출 등은 창작자들의 정신 건강에 부정적 영향을 미칠 수 있다.

정기적인 휴식, 건강한 작업 환경 조성, 스트레스 관리 기법 학습, 전문가 상담 등을 통해 심리적 안정을 유지하는 것이 필요하다. 완벽주의에 빠지지 않고 실패를 학습의 기회로 받아들이는 건강한 마인드셋을 기르는 것도 중요하다.

미래를 향한 준비 자세

AI와 숏폼 콘텐츠의 미래는 빠르게 변화하고 있다. 가상현실(VR), 증강현실(AR), 메타버스 등 새로운 기술들이 콘텐츠 제작과 소비 방식을 혁신하고 있다. 이러한 변화에 대비해 지속적으로 학습하고 실험하는 자세를 유지해야 한다.

중요한 것은 기술의 변화에 휩쓸리지 않고 자신만의 창작 철학과 브랜드 정체성을 확고히 하는 것이다. AI는 강력한 도구지만, 결국 사람의 마음을 움직이는 것은 진정성 있는 메시지와 독창적인 관점이다.

미래의 성공적인 창작자는 기술을 활용하되 기술에 종속되지 않고, 효율성을 추구하되 인간적 감성을 잃지 않으며, 글로벌한 시각을 가지되 자신만의 고유한 색깔을 유지하는 균형감을 갖춘 사람이 될 것이다.

변화를 두려워하지 말고 적극적으로 수용하되, 변하지 않는 가치를 소중히 여기는 창작자야말로 AI와 숏폼의 시대에서도 지속적으로 성장할 수 있을 것이다.

이호은

청운대학교 방송영화영상학과 정교수로 재직 중이다. 한국외국어대학교에서 커뮤니케이션학 박사학위를 취득했다. 한국정치커뮤니케이션학회장을 지냈고 한국방송학회 영상연구회장으로 활동했다. KBS 시청자위원, 중앙선거관리위원회 자문위원을 역임했다. 전 방송 프로듀서로서 다수의 다큐멘터리와 드라마를 연출했다. 저서로 《스트리밍 시대의 비디오 저널리스트》(2015), 《커뮤니케이션으로 정치하라》(2014), 《영상과 상호미디어성》(2013), 《영상 이론과 실제》(2012), 《다큐멘터리 또 하나의 영화》(2009), 《영상학서설》(2008)이 있다. "한류 영상 콘텐츠의 한국어 수용에 관한 연구"(2024), "대통령후보 TV토론회의 수용태도 연구"(2022), "인기드라마에 내재된 공통구조와 그 양상"(2011), "다큐멘터리의 드라마구조 수용에 관한 연구"(2006), "박근혜 대표 피습 이후 이미지 변화 연구"(2006), "분할영상광고의 특성 및 수용태도 연구"(2005), "노무현 대통령의 재신임 수용태도에 관한 연구"(2004) 등 100편 이상의 논문을 KCI, SCI, SSCI, SCOPUS 등 등재학술지에 게재했다.

이형주

현재 CJ ENM AI 제작PD로 재직 중이다. 서경대학교 영화영상학과를 졸업해 다양한 영화와 콘텐츠를 제작했다. 유튜브 GV스튜디오를 운영하며 방송콘텐츠진흥재단 1인방송대상 기획상 등 다양한 상을 받았으며, 2024년 AI 영화 〈찬란한 하루〉를 제작해 부산국제인공지능영화제에서 예술혁신상을 수상하고, 튀르키예국제AI영화제, 대전국제단편영화제에 선정되었다.